傳心　承天　至雲

「傳心（伝心）」とは

この「傳心《でんしん》」という言葉は、承天寺の神保至雲老大師に「聖一国師を書で表すとしたら？」と私の問いに応えていただいたものです。

この書を見た時に、体中に電流が走りました。御仏の心を伝えるために苦しい修行の後に悟りを開かれ、一人でも多くの人を救おうと生涯をかけて仏道に精進された聖一国師の生き様が描かれているように感じたからです。

私たちは「郷土の誇りを後世に伝える」という思いでこの本を制作しました。それは日本の歴史、また郷土の歴史をきちんとした形でわかりやすく伝えたいと思ったからです。老大師はそのことをこの「伝心」というお言葉に見事に表現していただきました。本当に感謝の気持ちでいっぱいです。自分たちの志を理解してもらえる人に出会うということは「生きがい」につながることだと感じております。

この書をご覧になり、そして本編をお読みになり、再度この書と向かい合ってみてください。皆様の心に浮かんでくる思いこそがそれぞれの心に伝わった聖一国師の生き様、そしてそれが私たちに伝わった今後の生きる指針になると思います。

（井上政典）

漫画『博多の恩人・聖一国師と博多祇園山笠』発刊に寄せてご挨拶申し上げます。

博多祇園山笠振興会　会長
豊田侃也

博多の恩人・聖一国師様の漫画でのお披露目、すばらしい出来映えで楽しく本に引き込まれました。

子供たちだけでなく大人の山笠関係者にも解りやすく、ためになる物語本であり、博多の人、静岡の人々にも喜んでいただける教本とも言えるでしょう。永く国師様が頭に宿ることと思います。

博多祇園山笠の歴史は、承天寺（山笠発祥の地）の開祖・聖一国師様（山笠の祖）が鎌倉時代、宋に修行に行かれ、博多の地に戻られた年に始まります。博多の街中には疫病が流行っていました。

聖一国師様は、津中を施餓鬼棚《せがきだな》（これが山笠台）に乗って祈祷水《きとうすい》を撒き、疫病を退散させたと伝わります。

この故事が山笠の起源であり、以来七七七年、歴史と伝統を守り、博多っ子は祭りを遂行しています。博多の総鎮守櫛田神社の奉納行事なのです。

渋田武春先生他、関係者の方々のご努力に感謝申し上げてお祝いの言葉とさせていただきます。

博多の恩人・聖一国師と博多祇園山笠◉目次

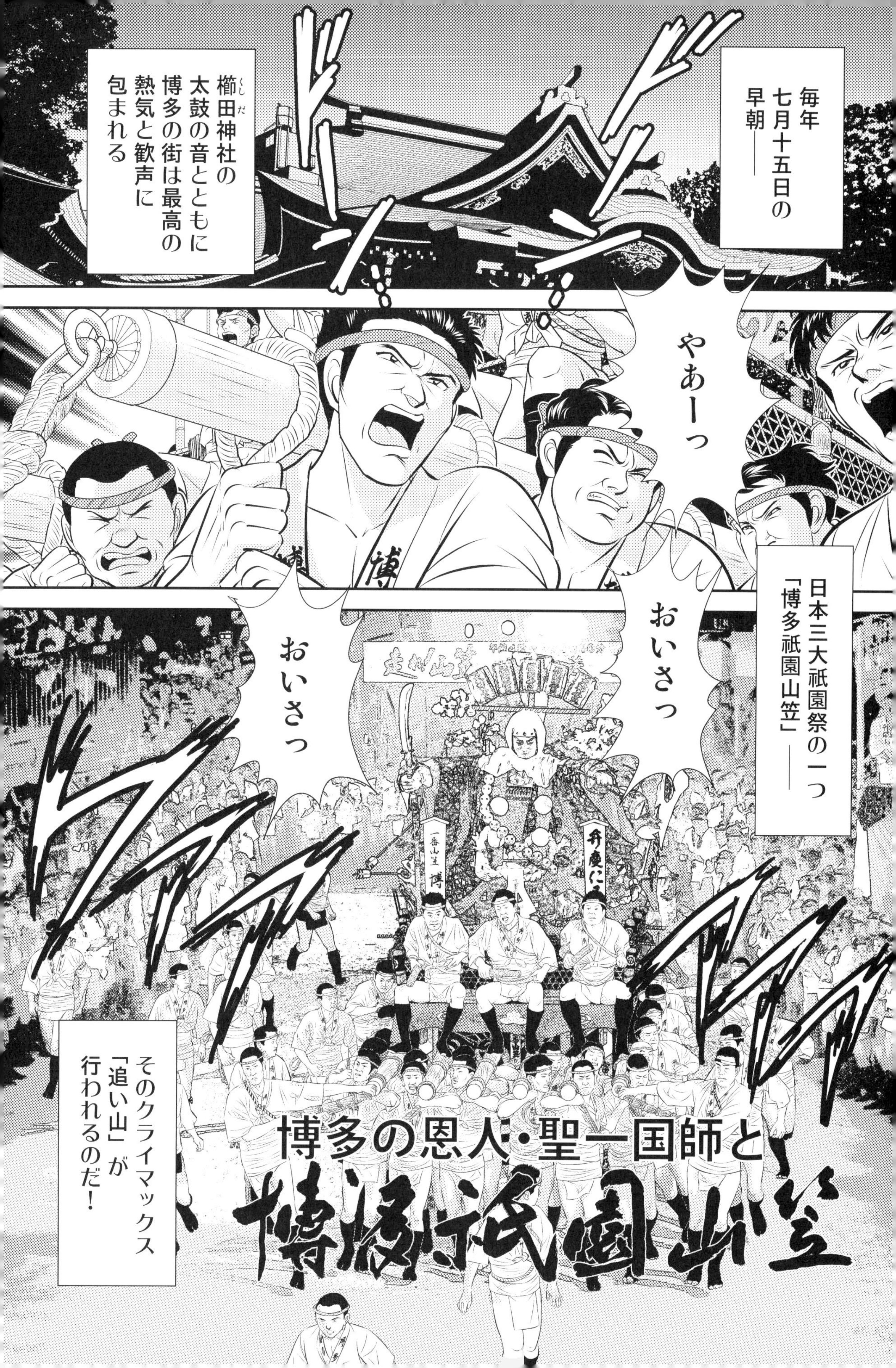
毎年
七月十五日の
早朝——
櫛田《くしだ》神社の
太鼓の音とともに
博多の街は最高の
熱気と歓声に
包まれる
やあーっ
日本三大祇園祭の一つ
「博多祇園山笠」——
おいさっ
おいさっ
そのクライマックス
「追い山」が
行われるのだ!
博多の恩人・聖一国師と
博多祇園山笠

おいさっ
おいさっ
うわーっ
すげーっ
あの重そうな
山を担《かつ》いで
全速力で
走りながら
人が止まらずに
どんどん
交代してる！
東京から
見物に来た
京太くん
TOKYO
交差点でも
スピードを
落とさずに
そのまま
曲がっていく!!
すげーっ
すげーっ
これが
追い山かーっ！
TOKYO

おいさっ
おいさっ
おいさ
ねえ、そこ危なかよ！
え？
水がかかるけんのいときって！
なに？？？
わあっ
だけん言うたとに…
じゃ標準語で…
「そこは勢《いきお》い水がかかる場所だからよけた方がいいよ」
博多っ子 あおいちゃん
東京の人間にそんな方言わかるかよーっ
あーっ東京っ子たいねー
博多は初めてなんだよ
で、色々とわからないことがあるんだけど
そもそも山笠っていつどのように始まったの？
なんで人が乗って走ってるの？
うーんと…それは…
どーしよう…私も知らんとやけど…
TOKYO

ほう、坊や！
それはよか質問やね！
あっ！中間《なかま》のおいしゃん！
誰？
博多流《ながれ》で山ば舁《か》きよるおいしゃんよ
山を動かす人!?
かっけーっ！
山笠のことを知るにはまずお祭りとは何かを知っとかんといかんね
お祭り？
お祭りっていうたら
お神輿《みこし》担《かつ》ぐとか縁日の屋台とか？
うん、それもばってんお祭りとはもともと
氏神様《うじがみ》（地域の神様）に氏子《うじこ》たち（地域の住民）が歌や踊りを捧げて奉納《ほうのう》する行事なんよ

そういえば追い山の時…
いつも一番山が櫛田入りをして「祝いめでた」ば歌うね
そう、つまり山笠っていうお祭りは…
氏神様の櫛田神社に氏子が山笠ば奉納するお祭りってわけたい
なるほど!
その山笠がいったいいつから始まったのか…
それには昔この博多におった一人のお坊さんが関係しとるとよ
お坊さんが?
いったいどんな人?
聖一国師《しょういちこくし》円爾《えんに》・辨円《べんねん》という名前で
鎌倉時代に博多に承天寺《じょうてんじ》を開いた位《くらい》の高いお坊さんたい
山笠を知るにはまずその聖一国師のことば知らんといけん
この博多にたくさんの恵みをもたらしてくれた一人のお坊さんの物語を…!

第１章：聖一国師と博多

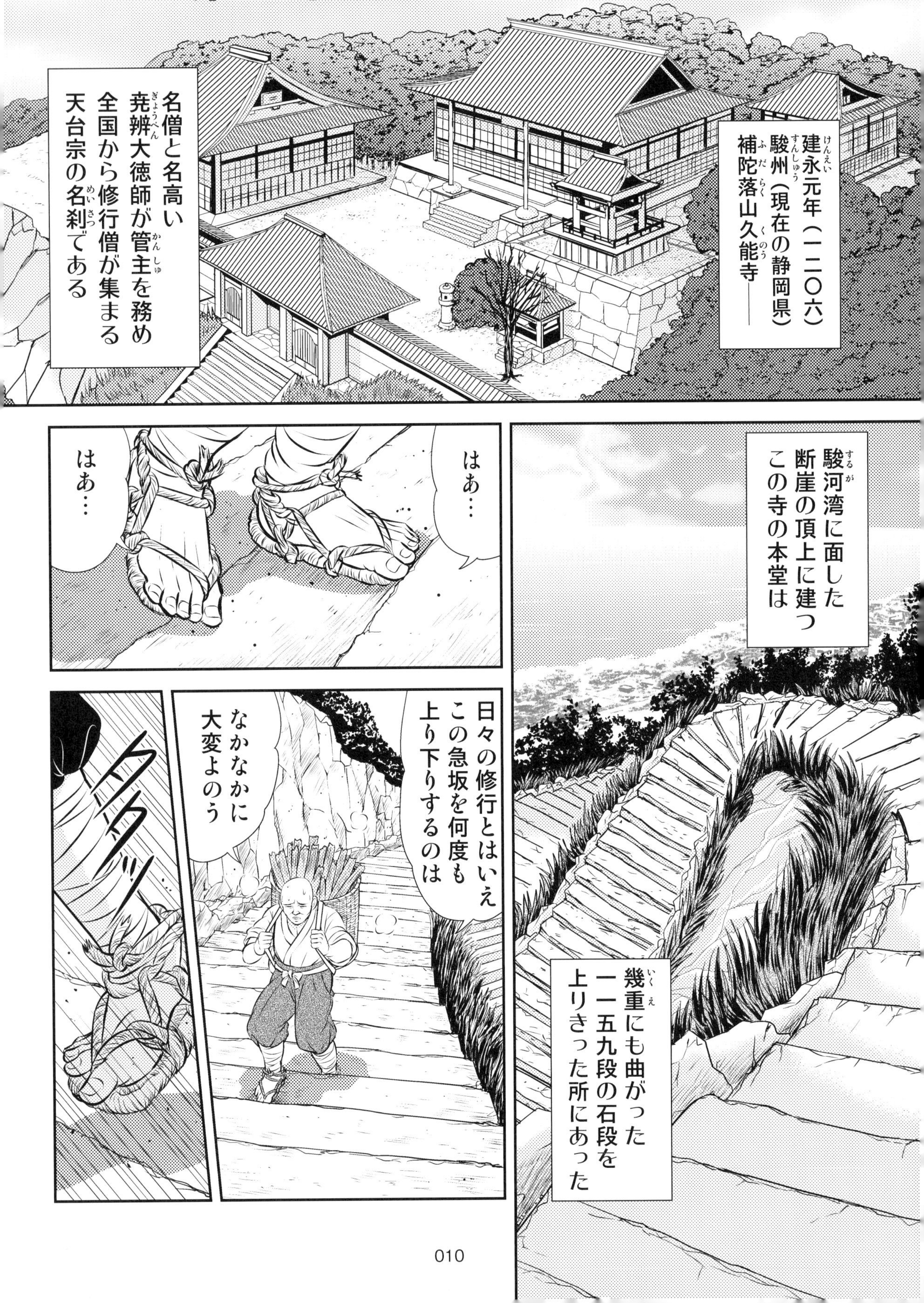
建永《けんえい》元年（一二〇六）
駿州《すんしゅう》（現在の静岡県）
補陀落《ふだらく》山久能《くのう》寺——
名僧と名高い
堯辨《ぎょうべん》大徳師が管主《かんしゅ》を務め
全国から修行僧が集まる
天台宗の名刹《めいさつ》である
駿河《するが》湾に面した
断崖の頂上に建つ
この寺の本堂は
幾重《いくえ》にも曲がった
一一五九段の石段を
上りきった所にあった
はあ…
はあ…
日々の修行とはいえ
この急坂を何度も
上り下りするのは
なかなかに
大変よのう

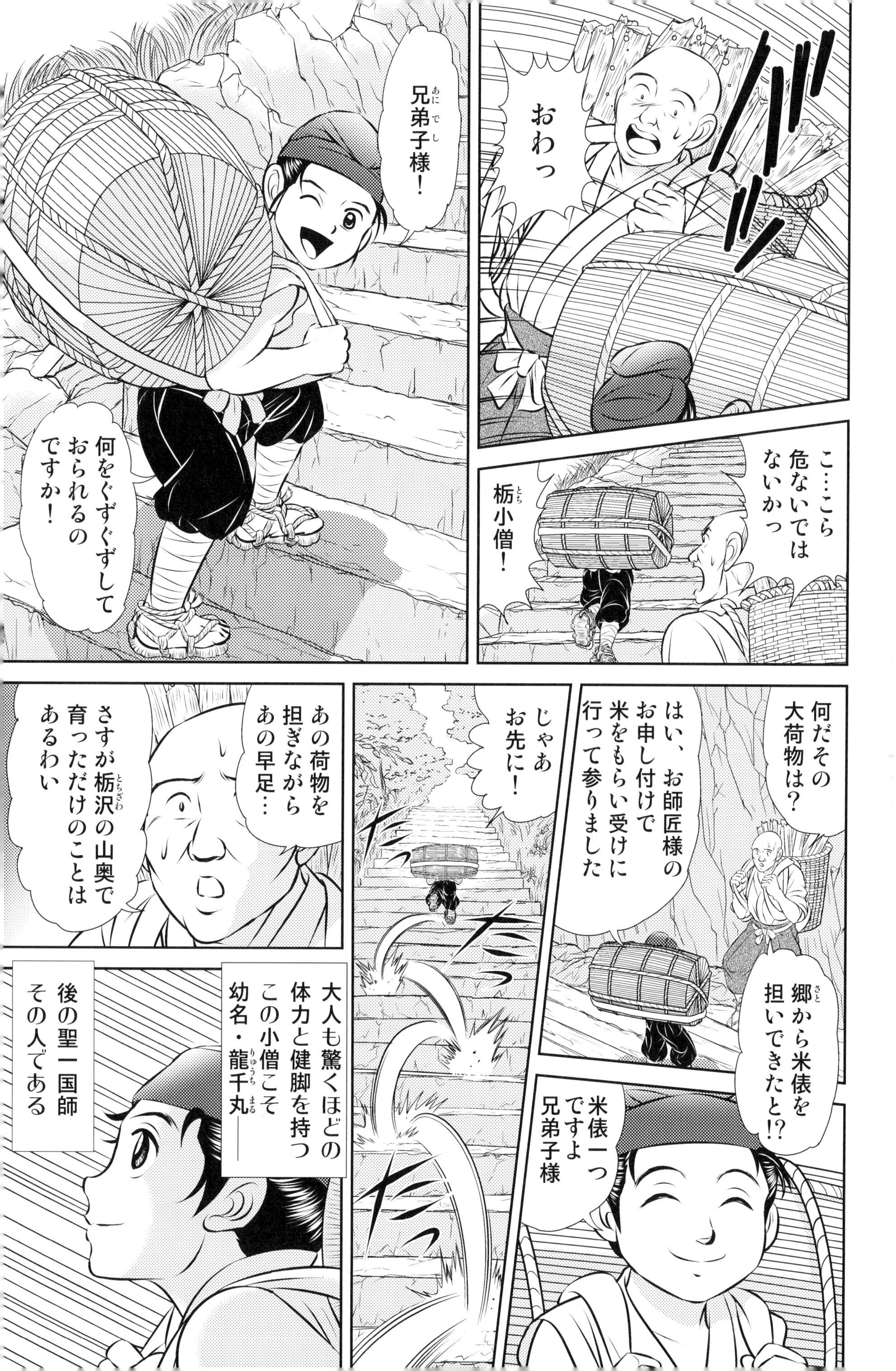

おわっ
こ…こら
危ないではないかっ
栃《とち》小僧！
兄弟子《あにでし》様！
何をぐずぐずしておられるのですか！
何だその大荷物は？
はい、お師匠様のお申し付けで米をもらい受けに行って参りました
郷《さと》から米俵を担いできたと!?
米俵一つですよ兄弟子様
じゃあお先に！
あの荷物を担ぎながらあの早足…
さすが栃沢《とちざわ》の山奥で育っただけのことはあるわい
大人も驚くほどの体力と健脚を持つこの小僧こそ幼名・龍千丸《りゅうちまる》――
後の聖一国師その人である

駿州の山里・栃沢で落ち延びた平氏《へいし》の流れをくむ武家の子として生を受《う》けた龍千丸は
幼い頃から山野を駆け回り様々な動植物を友として育った活発な子であった
龍千丸が生まれる前 安産祈願のため久能寺に詣《もう》でた両親は――
寺の主である阿闍梨《あじゃり》・尭辨《ぎょうべん》大徳師からある予言を授かっていた
あなた方のお子は将来衆生《しゅじょう》（民衆）を救う存在になろう
よろしければこの尭辨に預けなされ
仏門に入ればこの子の身は安全だが
親子ともに暮らすことはかなうまい…
しかし…この子を手放さねば
この子に救われるべき衆生も救えませぬ
そして龍千丸が四歳になったある日――
龍千丸
そなたはこれから久能寺の尭辨大徳師様のもとへ行くのです
母上…
私はお坊様になるのですか？
そう…

修行をして
立派な僧となり
大勢の人々を救う
それがそなたの
成《な》すべきこと…
そのためには
私たちと別れ
厳しい修行にも
耐えなければ
いけません
わかりました
母上！
私は必ず
立派なお坊様になって
戻ってまいります！
弁天様…
どうぞこの子を
ご守護
くださいませ…
四歳にして久能寺で
仏門修行に入った
龍千丸は
大徳師から円爾の
沙弥名《しゃみな》をいただき
小僧となった
ザ
おっと！
弁天様…
今日も無事に
戻れました
ありがとう
ございます
その胸には
円爾を優しく見守る
母にも似た
弁天の姿があった

おお、もう戻ったのか円爾
郷《さと》まで十里はあったはずじゃがさぞ荷が重かったろう
このくらいへっちゃらです!
退屈《たいくつ》でしたので「倶舎頌《くしゃのじゅ》」※をひたすら唱えておりました
ほう、あの難しい教本を諳《そら》んじることができるのか?
安立器世間 風輪最居下…
其量広無数 厚十六洛叉…
入門してまだ幾月もたっておらぬ子供が
大人でも難解な入門書を…
ところでお師匠様
一つ伺いたいことがございます
私がここで修行するのは立派な僧になって
苦しむ人々を救うためと父母に教わりました

※倶舎頌《くしゃのじゅ》…仏法を学ぶ基本となる入門書

しかしそのために私は…
その父母のそばにいて親孝行することがかないません
親を助けることもかなわぬ私に衆生が救えましょうか?
うむ…まこと円爾は心優しいのう
幼いわが子を手放すことは親には何より辛いことじゃ
じゃからこそ修行を積んで良い僧になることが
親の気持ちに報いる唯一の道ではないのかな
あ…
そうか…!
私が立派な僧になれれば
父も母も衆生もみな救うことができるのですね!

大人に混じり日夜修行に励む一方で
当意即妙《とういそくみょう》な受け答えをする円爾を
修行僧たちは「栃小僧」と呼んで可愛がったという
長じるに従って群を抜く才を発揮した円爾は
18歳にして当時の三大寺院の一つ長等山《ちょうとうさん》・園城寺《えんじょうじ》に入り正式に剃髪《ていはつ》し
天台宗の奥義《おうぎ》を極めるため修行に励んだ
しかしこの時代飢餓《きが》や疫病《えきびょう》が人々を苦しめ…
それにつれて社会の治安も悪化し
賊に襲われ命を落とす庶民も数多くいた――
若き修行僧円爾もその惨状《さんじょう》をたびたび目にしたのだった
息子たちが…孫が…ううーっ
ひどい…
なぜこんなむごいことを…
お…お坊様！

なぜでしょう お坊様！ この子たちは 何も悪いことは しておらぬのに
なぜ 殺されねば ならぬのでしょう!?
どうして仏様は お救いくださらぬの ですか!!
これだけ仏法を 学んでいながら…
この人たちの 問いかけに 答えることが できぬとは…
寺で経《きょう》や書物だけ 読み漁《あさ》っていても 人は救えぬ
人を救うには 仏法に限らず 広くあらゆる智識《ちしき》を 深めねばならぬのだ
人を救うための 智識を深める…
それこそわが 進むべき道…！

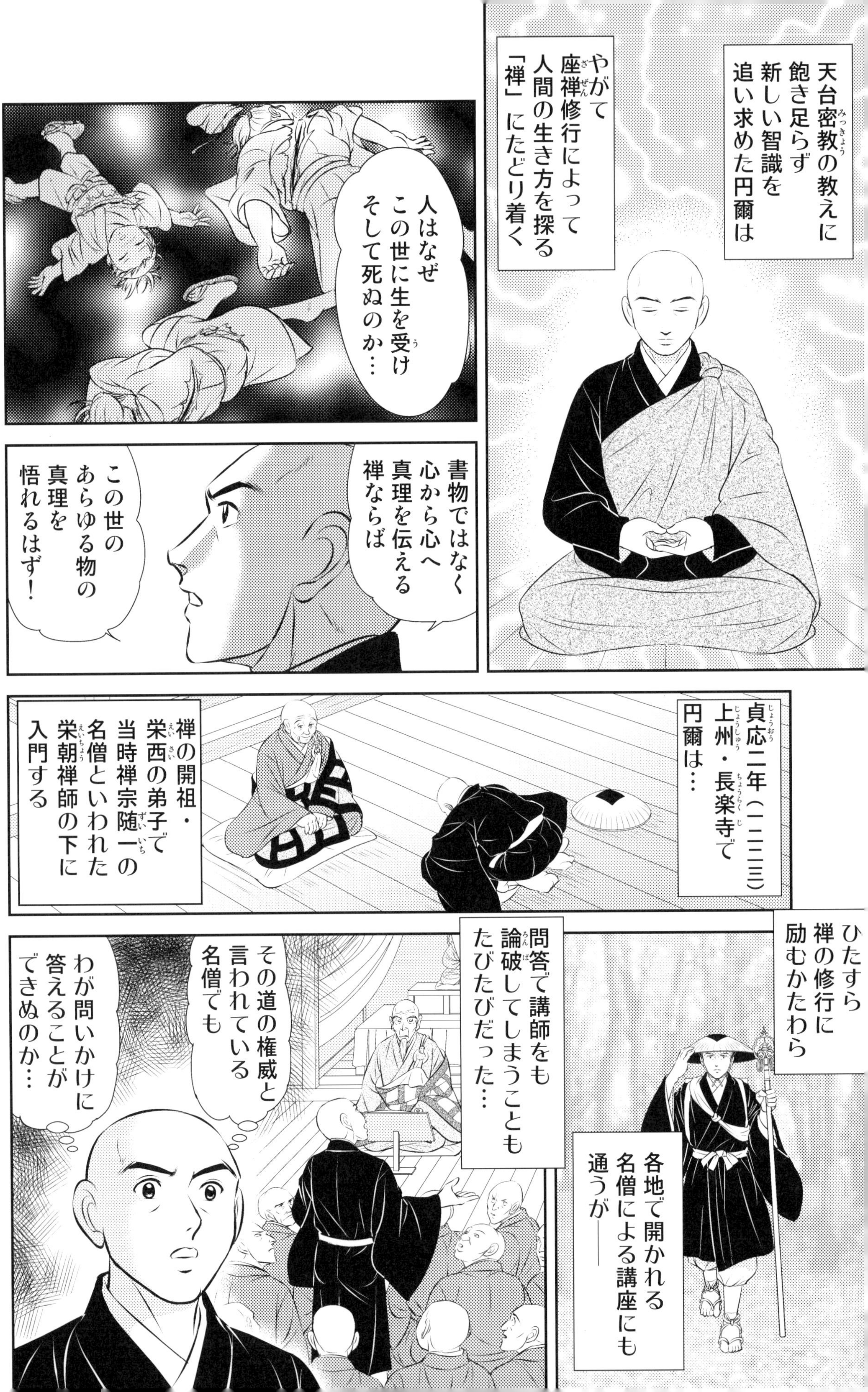
天台密教《みっきょう》の教えに飽き足らず新しい智識を追い求めた円爾は
やがて座禅《ざぜん》修行によって人間の生き方を探る「禅」にたどり着く
人はなぜこの世に生を受《う》けそして死ぬのか…
書物ではなく心から心へ真理を伝える禅ならば
この世のあらゆる物の真理を悟れるはず！
貞応《じょうおう》二年（一二二三）上州《じょうしゅう》・長楽寺《ちょうらくじ》で円爾は…
禅の開祖・栄西《えいさい》の弟子で当時禅宗随一《ずいいち》の名僧といわれた栄朝《えいちょう》禅師の下に入門する
ひたすら禅の修行に励むかたわら
各地で開かれる名僧による講座にも通うが——
問答で講師をも論破《ろんぱ》してしまうこともたびたびだった…
その道の権威と言われている名僧でも
わが問いかけに答えることができぬのか…

もはや教えを乞える名僧は見当たらん
さりとて…私は悟りの境地にも至っておらん
くそーっ
いったいどうすれば良いのだ!?
笹舟か…
幼いころ私もよく作ったものだ…
チャプ…

す…すまぬ坊や！
ちょっとそれを！
お坊様…
どうかしたの？
そうだ…
船だ…！
禅の発祥の地は宋《そう》の国…
わが国に禅を広めた栄西禅師は二度も宋に渡り名僧について修行したと聞く
教えを乞える名僧が国内になくば
船で宋へと渡り名僧を探せば良いのだ!!

歴史ナビゲーター・井上政典

おもしろ博多史１　「聖一国師」の呼び名について

この物語の主人公である聖一《しょういち》国師という尊号《そんごう》、つまり尊敬を込めた名前は、生前に呼ばれた名前ではありません。死後、その偉大な業績を評して、花園天皇から「聖一国師」という諡号《しごう》が贈られたのです。

国師は日本では主に高僧に対しての称号で、他に弘法《こうぼう》大師（空海）や伝教《でんぎょう》大師（最澄）で有名な「大師」や栄西《えいさい》禅師や隠元《いんげん》禅師らの「禅師」などがあります。

これらは国や皇室に対して功績の大きかった僧侶に死後贈られ、以後はその尊号で呼ぶのが普通になります。つまりこの尊号で呼ばれているお坊さんは、日本の人々のためにとても貢献された人だという証《あかし》なのです。

聖一国師の幼名は「龍千丸《りゅうちまる》」、出家後の字《あざな》は辨円《べんねん》、後に円爾《えんに》と名乗ります。これが法諱《ほうい》とよばれるお坊さんとしての名前になります。

お坊さんになる時に現世《げんせ》から離れ出家するので、新しくお坊さんとしての名前を名乗るのです。

さらに、宋に渡ってからは爾老《にろう》と呼ばれました。中国語で「老師」は先生の意味です。聖一国師が留学僧でありながらこの名前で呼ばれたということは、師匠である無準師範《ぶじゅんしばん》に一目置かれるほどの英才だったことがわかります。

国師号は円爾が最初です。それだけ聖一国師が国家に対して貢献し、皇室もそれを認めたので、日本で最初の国師号を贈られたのです。それほど人徳や学識、そして貢献度が高かったのです。けれど、円爾も一人の人間、たくさんの悩みと人としての苦しみがありました。それを仏様と周りの人々の助けを借りてひとつずつ解決していき、そして悟りに到達していったのです。

悟りに到達した人間とはどんなものかは、未だ悟りの境地には至っていない筆者にはわかりかねます。しかし、悟りに達した人間が周りの人々に与える影響は計り知れないものがあるのです。だから700年以上経っても、その人の功績が忘れ去られることなく、こうやって語り継がれているのです。

また、この聖一国師は、福岡よりも静岡で有名です。それは師が晩年に故郷駿河国《するがのくに》（現在の静岡県）に帰る時、故郷の気候がお茶の栽培に適していると考え、種を持ち帰り栽培の方法を広めたからです。今では日本一の生産量を誇る静岡のお茶ですが、聖一国師は今も静岡の人々から「茶祖」として尊敬され、人々の日々の暮らしを見守り続けています。

師・栄朝禅師から宋国修行の許しを得た円爾は
同門の栄尊《えいそん》とともに宋船の出港地である九州・博多の地へとやってきた
当時の日宋貿易の玄関口であった博多には
貿易を営む国内・国外の商人が数多くいた
宋国へと渡るにはその船を使うのが一般的だったのだ
しかし――
何とか乗せてはもらえませんか？
残念だが船は昨日出たよ
次の船は来年だな
うちの船ももう出た後だよ
今年の船はもうないね

当時の人々にとって海を隔《へだ》てた異国・宋への渡航は命がけであった
年一回、毎年春先の海の穏《おだ》やかな時期しか船は出せなかったのだ
ほとんどの船がすでに出た後だな
出航時期を逃せば…
来年の春まで待たねばならなくなる
ここで諦《あきら》めるわけにはいきません
もう少し当たってみましょう
おお…!
今日出航ですか!
出航の準備ができしだい鐘《かね》が鳴るから
遅れないようにな!
ありがとうございます!
良かった…
これで宋国へ向かうことができる!

ザザ
お前たちか
上州から来た
禅僧というのは!?
有智山《ゆうちざん》の僧　義学《ぎがく》
あ…
あなたたちは?
ぐはっ

え…栄尊さんっ
何をなさいます!?
禅僧ごときがっ!!
留学のため宋国へ行くと…?
ぐわあっ
くたばれっ
禅などわれらの宗派から見れば邪道…
そんなものを広めることなどこの義学が許さん!
わかったか!

当時仏教界には
日本に入ってきた
ばかりの禅を否定し
排斥《はいせき》する風潮《ふうちょう》もあった
く…
義学らのように
実力行使に出る
僧もいたのである
え…
栄尊さん…
栄尊さん…
しっかり！
出航ーっ
宋国行きの
今年最後の船が
出るぞーっ
さあ、
乗った乗った！
早く
しろ！
ま…
待て…！

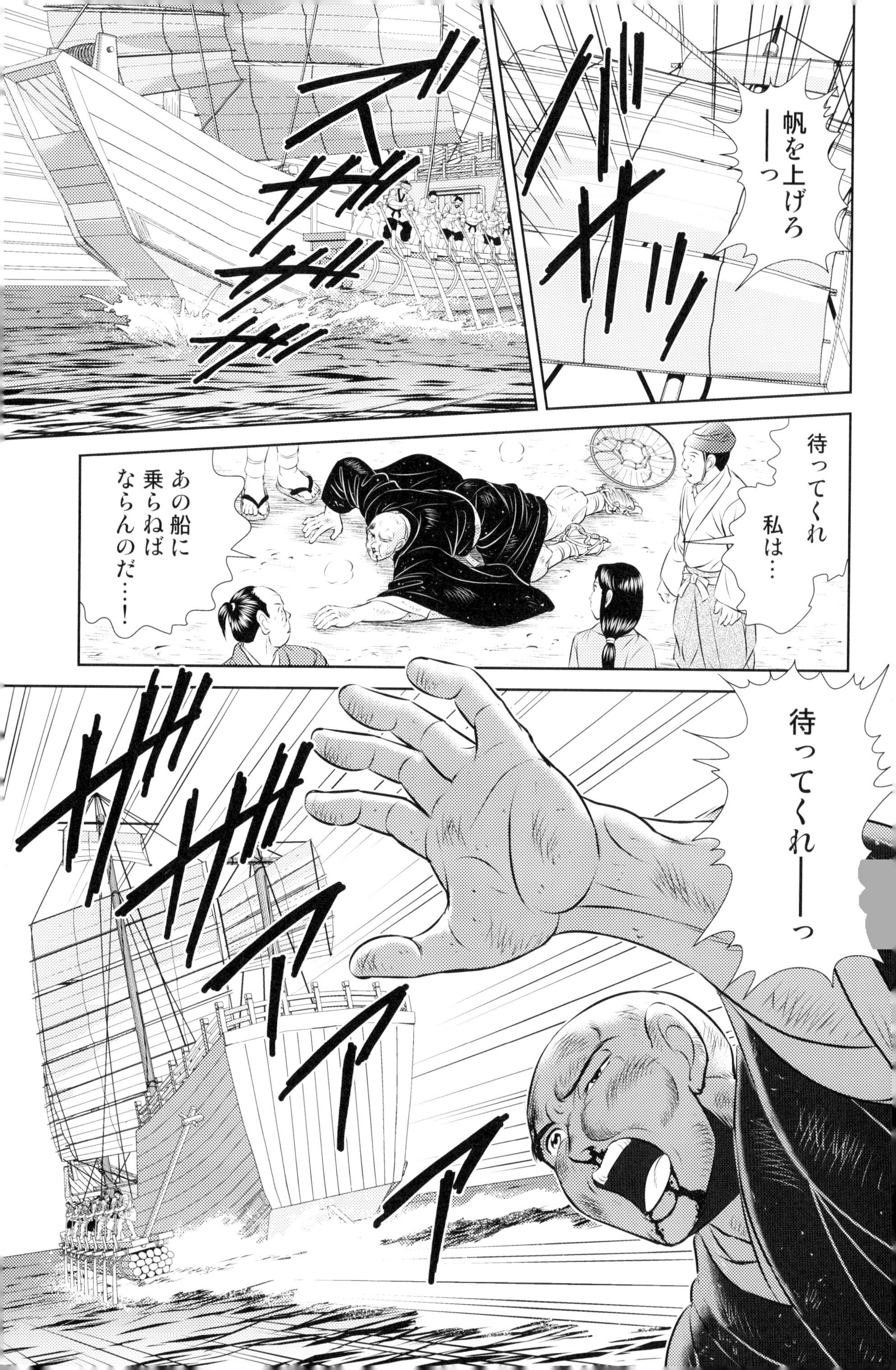
帆を上げろ――っ
待ってくれ
私は…
あの船に乗らねばならんのだ…!
待ってくれ――っ

大丈夫か 円爾…
はい…
このケガでは 僧坊までは 歩けぬ
今夜はここで 過ごすしか なかろう
栄尊さん…
来年まで船を 待つにしても 何の縁もない この地で…
どうすれば 良いのでしょう
こんなことで 本当に…
宋国にたどり 着けるのでしょうか!?
円爾…!
ザザ…

お坊様がた！
お腹がおすきではありませんか？
え…？
どうぞこれを！
な…なぜ見ず知らずの私たちに!?
どちらから来られたかは存じませんがきっと厳しいご修行の旅の最中でしょう
よそからの人も物もまずは受け入れて利を分かち合う…
それが博多の古くからの気風《きふう》でございます
博多の気風…

ご念願が成就《じょうじゅ》いたしましたら
どうぞ私らをお教え導きくださいませ！
……
パクッ
う…
うまい…！
菩薩《ぼさつ》だ…！
この博多には菩薩がおられる！
絶望しかけた円爾を救ったのは博多の人々であった――

多くの博多の人々の厚意を受けた円爾は
名声を聞いて訪れる数多くの人々に乞われるまま説法を授けた
釈尊《しゃくそん》は言われました
すべての人に仏性《ぶっしょう》が備わっていると…
誰にでもわかりやすく明快な説法は評判を呼び
円爾の名は博多の人々の間に広まっていったのだった——
うむ…
なかなかにすばらしい説法よ
あの方はどちらの僧か?
上州・長楽寺の円爾様とのことです
長楽寺の円爾様…
この日本にこれほどの僧がおられたとは…
どけどけ!
おらぁどけえっ!

!
まだ博多にいたのか
禅小僧!
義学…!
偉そうに説法などしおって…
どうやらまだ懲《こ》りぬと見える…
おやめください!
あなたたちと争うつもりはありません!
私はただ留学で宋に行きたいだけなのです!
宋だと…ふはははははっ

宋行きの船など
これから先も
見つからぬわ！
お前らを
乗せぬように
船主たちを脅《おど》して
おいたからな！
な…
ふっ
こう見えても
わが宗派は
博多ではそれなりに
力があってな
宋に
行きたくば
ひざまずけ！
民衆の前で
わが宗派に
帰依《きえ》すれば
許してやろう！
まだ
わからぬか
小僧ーっ!!
な…
なんと
卑劣《ひれつ》な！
お前たち
それでも
僧か!?
あなたたちに
帰依など
できません！

いい加減にしておけ
頭を下げるのはお前たちのほうであろう
この愚《ぐ》僧《そう》たちめ！
何だと!?
何だお前は!?
わが名は謝《しゃ》国《こく》明《めい》
宋国の商人である！

何と…謝国明!?
あ…あれがうわさの宋の商人か!
貿易で莫大な富を築き今や内外の商人たちを取り仕切る豪商《ごうしょう》
その財力は三国隅々《すみずみ》にまで及ぶという…
円爾殿、ご安心ください
宋国行きの船ならば
この私が手配いたしましょう!
あ……
あなた様の説法…さきほどから拝聴《はいちょう》させていただきました
禅の発祥《はっしょう》はわが宋国ですが
その宋国の僧よりも禅を深く理解し人々に広めようとなさっている
宋国人として手を差し伸べずにおられましょうか

き…きさまっ！
これ以上の狼藉《ろうぜき》は控えた方がよいぞ
博多中の宋国商人たちを敵に回したくはなかろう
！
ザザッ
ザザッ
ぬう…
くく…！
私の船は風を待って肥前国《ひぜんのくに》平戸《ひらど》から出ます
船員は皆つわもの揃い…
宋国まではこの謝国明が
必ずや無事に送り届けてみせましょう！
謝国明殿…！

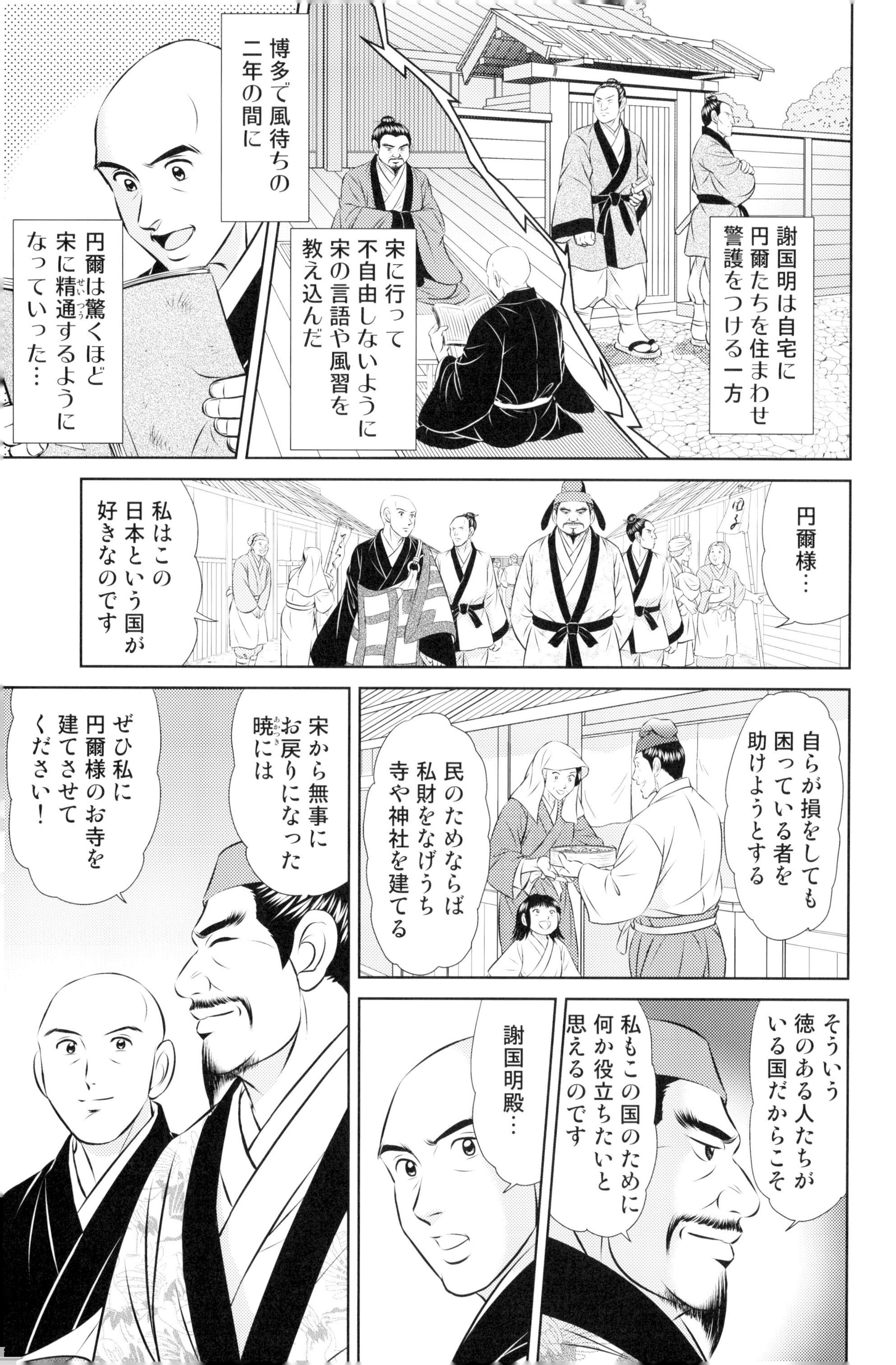

謝国明は自宅に
円爾たちを住まわせ
警護をつける一方
宋に行って
不自由しないように
宋の言語や風習を
教え込んだ
博多で風待ちの
二年の間に
円爾は驚くほど
宋に精通《せいつう》するように
なっていった…
円爾様…
私はこの
日本という国が
好きなのです
自らが損をしても
困っている者を
助けようとする
民のためならば
私財をなげうち
寺や神社を建てる
宋から無事に
お戻りになった
暁《あかつき》には
ぜひ私に
円爾様のお寺を
建てさせて
ください！
そういう
徳のある人たちが
いる国だからこそ
私もこの国のために
何か役立ちたいと
思えるのです
謝国明殿…

わかりました！
必ず大願《たいがん》を果たして戻って参りましょう！
また円爾は同じく渡宋のため博多で風待ちをしていた
一人の僧にも出会った
わしは随乗坊《ずいじょうぼう》湛《たん》慧《ね》と申す！
おぬしが噂の円爾殿か！
我らが志は同じ…宋国にて悟りを得ることじゃ
ともに宋に渡り切《せっ》磋《さ》琢《たく》磨《ま》していこうではないか！
はいっ！
この博多には私を助けてくれる人も同じ志の仲間もいる
何としても大願を果たさねば！

ザザザザザ
嘉永《かえい》元年（一二三五）四月、円爾たちは九州・平戸を出航――
順風を受けた船は出航からわずか十日余りで
宋国・明州《めいしゅう》の港へと到着した
ザザッ
ついに来た…！
夢にまで見た宋へ！
この先出会う人々も光景も…
すべてを修行の糧《かて》とするのだ！

広大な大地を
禅智識を求めて
寺から寺へ
訪ね歩きながら
円爾たちは
様々な民族や
文化に出会った
ずいぶん大きな市《いち》ですね
色々と珍しいものが売っているな
!?
千客萬来
これは…
何と良い香り…
匂いのもとはこれか!?
見た目は餅に似ているが何とも食欲をそそるな
一つ買って食してみましょう

パクッ
もぐもぐ…
これは…
うまい！
餅よりふっくらと柔らかい食感…
何と香ばしい食物だ！
店主！これは何という食物ですか!?
それは饅頭《まんとう》だよ
小麦をひいて粉にして水で練り、少し寝かせて具を入れ焼き上げる
この宋国では広く食されている食べ物さ
何と…
小麦をひいて練り上げるとは…
向こうの奴が食っている麺も同じ小麦から作られたものだ
冬に育つ麦をひけば加工も調理もしやすい…
これはなかなかの知恵だ！

川を越え
峰々を渡り
様々な文化を
吸収しながら
円爾たちの
求道《くどう》の旅は
続いた
そして——
おおっ
あれだ！
広州《こうしゅう》・天目山《てんもくざん》の麓《ふもと》
径山萬寿寺《きんざんまんじゅじ》と
いうところに
皇帝に請《こ》われて
禅法を授けるほどの
当代随一の禅僧が
おられると…
師として
これ以上の僧は
おらぬが…
なかなか弟子には
なれぬとの噂だぞ
わかって
おります
萬寿禅
はるか日本から
とうとうこの聖地まで
来たのです
どうあっても
行くしか
ありません！

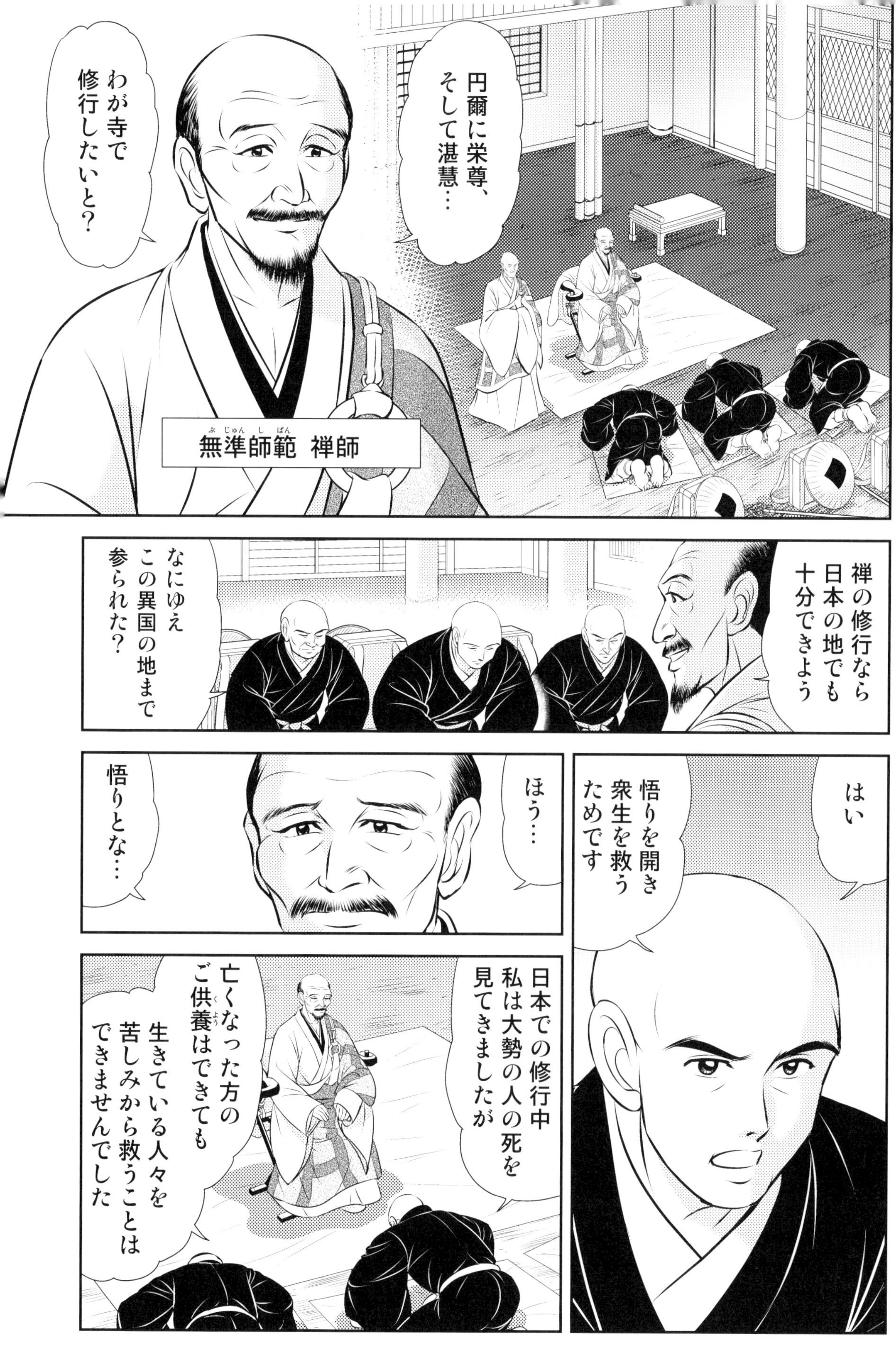
円爾に栄尊、そして湛慧…
わが寺で修行したいと?
無準師範《ぶじゅんしばん》 禅師
禅の修行なら日本の地でも十分できよう
なにゆえこの異国の地まで参られた?
はい
悟りを開き衆生を救うためです
ほう…
悟りとな…
日本での修行中私は大勢の人の死を見てきましたが
亡くなった方のご供養《くよう》はできても
生きている人々を苦しみから救うことはできませんでした

衆生を苦しみから救うには…広くあらゆる智識に通じ
真理を見出し悟りを開くしかございません
ふむ…
なるほど…
円爾と申したかな
はい！
修行の道はまこと厳しい
一生かかっても悟りを開けぬ者もおる
故国に帰れぬままこの国で果ててもよいのか？
恐れながら
私は必ず生きて日本に帰ります

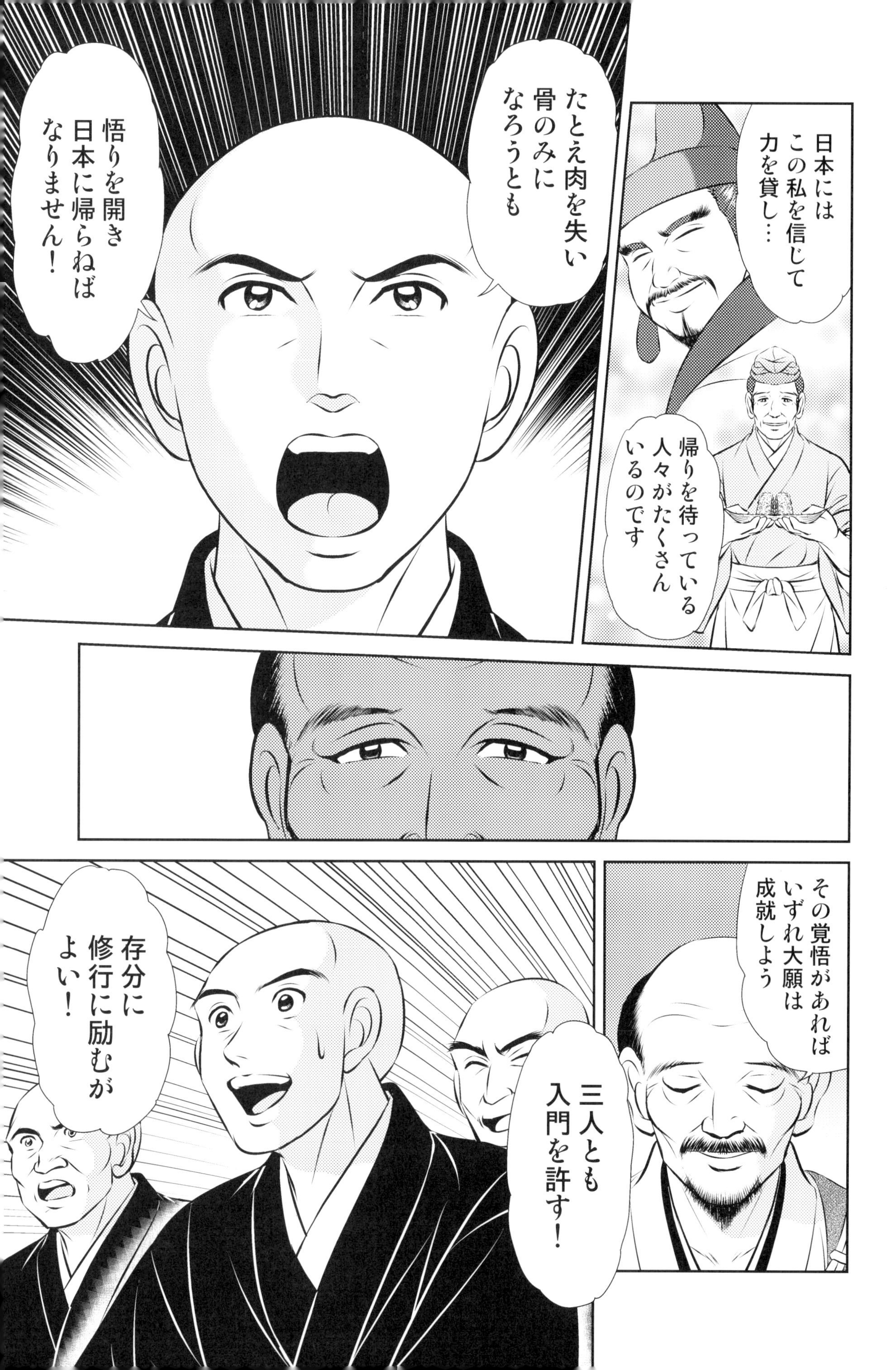
日本には
この私を信じて
力を貸し…
帰りを待っている
人々がたくさん
いるのです
たとえ肉を失い
骨のみに
なろうとも
悟りを開き
日本に帰らねば
なりません！
その覚悟があれば
いずれ大願は
成就しよう
三人とも
入門を許す！
存分に
修行に励むが
よい！

無準禅師のもとで仏道修行を積むことになった円爾だったが
優れた弟子たちの中でも円爾の才は抜きん出ていた
その力量を高く評価した無準禅師は
円爾を「爾老《にろう》」と呼び厳しく鍛えたのである
径山萬寿寺で厳しい修行の日々を送るうちに
瞬《また》く間に三年の月日が流れ去った
もう三年か…
早いものだ…
先に帰国した栄尊さんや湛慧さんは
無事日本へと帰り着いたろうか…

円爾！
老師がお呼びだ！
あ…はい！
爾老…
学業の方も進んでおろう
お前にもそろそろ日本に戻ってもらい
ここで学んだ禅知識を広めてほしいのだが
日本へ…!?
しかしそれにはまず…
悟りを開いた証《あかし》を見せてもらわねばならぬ
証とは…
どういうものでしょう?
うむ…
爾老…
お前に一つ公《こう》案《あん》をやろう

わしの持つ
これを
何と呼ぶ?
竹篦《しっぺい》で
ございますか?
それはお前が
観念にとらわれて
ただの竹の棒を
そう呼んでおるだけだ
しかし、これを
竹篦でないと
いうなら
ここにあるのは
まさしく竹篦
そのもの…
さて
爾老よ
お前はこれを
何と呼ぶ?
竹篦であるのに
竹篦でない!?
どういう
ことだ!?

今のお前であれば答えられるはず
さあ…答えよ！
答えてみよ爾老！
これを竹や竹箆と呼ぶ以外にどう呼ぶ!?
どう答えれば良いのだ!?
わからぬ…
わからぬ…!!

この公案に円爾は苦しんだ
食を絶ち日夜座禅を組み必死で答えを探し求めた
しかしようやく見つけた答えを何度老師に述べても…
答えになっておらん！帰れ！
爾老…お前は日本での修行で仏の言葉はすでに学び尽くしておる
であるが故にその知識にとらわれそこから抜け出せないのだ
禅の本質は「不立文字《ふりゅうもじ》」——
文字ではなくその意味を心で悟るのだ！

答えを見出せぬままふた月が過ぎ…
私はいったい何をしている…
いつになれば答えが見出せるのだ…
もはや身も心も限界…
!

グルルルルル…
ザザザッ
虎《とら》!?
グルルルル
ザザッ
ザザッ
グルルル
ザザッ
ザザッ

この虎は
やせ細っている…
長い間獲物《えもの》がなく
腹をすかせて
おるのだろう…
気の毒に…
そうだ…
私がこの身を
差し出せば
この虎は命を
永らえられよう
日本に帰ると
誓ったが…
他を生かすため
身を捨てるのも
仏の道ではないか
さあ
虎よ!
この身を
食すがよい!

なぜだ…？
なぜ私を食わぬ…？
虎ならば食われて当然…
なのになぜ…

…老師
見解《けんげ》を述べさせていただきます
述べてみよ爾老
さきほど私は竹林の中で一頭の虎に出《で》遭《あ》いました
しかしその虎は飢えていたにもかかわらず…
なぜかこの私を襲わなかった
飢えた野獣は必ず人を襲う…
それは私の思い込みだったのです
その時私は気づきました
虎も竹篦も見えている姿が真の姿ではないと…

すべてのものは
みな仏であり…
形の定まらぬ仏に
在るも無しも
ないのです！
うむ…
そうじゃ！
…ついに
悟りを得たな
爾老…！
お前は今
救世人《ぐぜびと》に
なったのじゃ！

救世人《ぐぜびと》…！
印可状《いんかじょう》を授ける
故国日本に戻るがよい
…そしてその手で
苦しんでいる衆生を涅槃《ねはん》に導いてあげなさい！
老師…！
径山萬寿寺にて大悟《たいご》を得る——円爾三十六歳の時であった

無準禅師のもとで
さらに修行を積んだ
円爾が帰国したのは
三年後の
仁治《にんじ》二年（一二四一）
七月のことであった
宋国の港を出て
すでに七十日…
思えば長い
帰路であった…
故国日本の地を
やっと踏みしめる
ことができる！

円爾!
み…
みなさん!
よく無事に戻れたなぁ円爾!
栄尊さんも…
円爾殿ご覧くださいご帰国と聞いて多くの人々がここに…
円爾様!
お懐かしゅうございます!
皆さん…ありがとうございます!

長旅で疲れて
おいででしょう
早速宿坊へと
ご案内を…
いえ…
その前に
寄らねばならぬ
所が…
え…
円爾!
ここは…
八幡宮
筥《はこ》崎《ざき》八《はち》幡《まん》宮《ぐう》!?
なぜ帰国早々
八幡様へ…!?
どういう
ことだ!?

日本へ帰る時のことです
私たちは明州の港を船三隻で出航しました
順風満帆《じゅんぷうまんぱん》で早く日本に着けると思ったのですが…
数日後——
ゴロゴロ
一天にわかにかき曇り——
かつてないほどの大嵐が私たちの船を襲ってきたのです

荷を捨てろ——っ
船が沈むぞ——っ
わぁあーっ
これが私の運命か…
このまま海に没するのか？
いや…帰り着く前に死ぬわけにはいかぬ！
ズズズズズ…
！
あれは…
大波…!?

船が呑み込まれる!!
戻らねばならぬ!
何としても日本に!
戻らねばならんのだ――っ

!
なにっ!?
波が裂け
女人《にょにん》が…!!

あ…あなたはどなたか!?
いずこより参られた!?
われは八幡《はちまん》大菩薩《だいぼさつ》の化身《けしん》なり
汝《なんじ》を守護するためここに参った
母上…!?
円爾よ…ここで果てってはならぬ
国に戻り汝の天命を全《まっと》うすべし!
!!

気がつくと
女人の姿は消え…
押し寄せたはずの
大波もなかった
今のは
夢か…?
いや…
これは…
皆さんっ
この船は
八幡様の御加護を
得ました!
一心に八幡様に
念ずれば
必ず無事に
帰れます!
南無《なむ》八幡
大菩薩…
南無八幡
大菩薩…
南無八幡
大菩薩!
南無八幡
大菩薩!
南無八幡
大菩薩!

光…？
雨風が止んだ…
波も収まってる…
雲が切れて日差しが…
おおっ
見ろっあれをっ

パアアア
道が見える!
光が海を照らして道が…!!
オオオオ
八幡大菩薩が我らを導いてくださっている!!
帰れる!帰れるぞ!!
南無八幡大菩薩…!

なんと…
そんなことが…
八幡菩薩の御加護がなければ
今頃私は海に沈んでいたでしょう
この博多にその八幡宮があるとはまさしく奇遇《きぐう》！
八幡宮
南無八幡大菩薩…！
御加護に感謝いたします！
博多に戻った円爾はそれからも毎年筥崎宮に参詣《さんけい》し報恩《ほうおん》の読経《どきょう》を行った
現在でも行われている承天寺の僧による筥崎宮の「報賽《ほうさい》式」はこれが起源である
八幡宮

歴史ナビゲーター・井上政典

おもしろ博多史２　現在の承天寺一山報賽式

報賽式《ほうさいしき》とは、お坊さんが神社でお経をあげるという珍しい行事で、これは聖一国師が宋から帰国する際（1241年）に暴風雨に遭われ、その時に受けた八幡様の御加護に感謝をするために、承天寺の当代の住職とその一門の僧たちが筥崎八幡宮にお礼参りをするのです。特筆すべきは、それが鎌倉時代から営々と続けられているということです。

筆者も平成30年1月11日の報賽式を見学させていただきました。この日は、この冬一番という冷え込みに加え、海から参道を伝って流れ込む風がまた一層寒さを厳しくしていました。

夏至《げし》をまたいで1か月前後の5月21日と7月21日に、夕陽がこの参道を照らし、光の道ができることはあまり知られていません。

「なぜ北を向いているの？」と思われた方は相当の神社通ですね。この参道が北を向いていることの特異さを気付く人も福岡ではめったにいません。神社は南からか東から入るのが普通なのですが、福岡の神社は普通にその原則を破っています。だから放生会《ほうじょうや》の時は500軒もの露店が立ち並ぶこの参道が真冬は北風の通り道になるのです。

筥崎八幡宮の宮司《ぐうじ》・権宮司《ごんぐうじ》さんたちが神様に祝詞《のりと》を上げられ、そして承天寺のご住職が玉串を上げられ、その後一門の僧侶方が拝殿の上を巡りながら読経し、練り歩かれます。これを筥崎諷経《ふぎん》・巡《めぐ》り経といいます。

観ている私たちも体が痛くなるくらい寒いのですが、舞殿で読経されるお坊さんたちも寒いはず。口からは白い息が見え、あたかも経文が僧侶の読経に合わせて飛び出し、その場を埋め尽くすような光景でした。その時間も20分を超えるのですが、何か果てしなく永遠に続くような感じがします。それは七百有余年という長い月日を飛び越え、当時聖一国師に御加護を与えてくださった八幡様に感謝の誠を捧げるという魂が伝わってくるような気がしてきました。

テレビのニュースや本で読んだ知識では絶対に味わうことのできないその場の空気、そして決して目では見えないけれども時空を超えて伝わってくる感謝の心。それを神社でお坊さんの声明《しょうみょう》を聴くことによって体感させていただきました。

その間、知り合いの若い権禰宜《ごんねぎ》さんが薄着でそのお世話のために駆け回っていました。私はつい持っていたホッカイロを渡してしまいました。私も寒かったけれどまだ分厚いコートを着ていましたが、彼は薄着で飛び回っているのです。

自分よりも大変な人に親切にする、という心が芽生えたのもこの時に体験した神仏のおかげではないでしょうか。

その後の寒さでその行為をちょっと後悔しましたが、でも心は一日ずっと温かでした。

おもしろ博多史３　聖一国師と弁天様

この漫画で、聖一国師が宋からの帰りに暴風雨に遭い、船が沈むかと思われた時に天から女人《にょにん》が現れ、「我は八幡様の化身なり」といって助ける場面が出てきます。八幡様は応神天皇と比定《ひてい》されているので男性なのですが、ここではなぜ女性の姿で描いたのかを少し解説しておきます。

聖一国師がお寺に修行に入ったのは満４歳のころでした。神童と呼ばれるほど頭脳《ずのう》明晰《めいせき》で、体力もあったといわれていますが、まだまだ年端《としは》もゆかない子供です。

その幼子《おさなご》をお寺に預けることになった母親の気持ちはいかばかりだったでしょう。

母は、弁天様に我が子を守っていただけるよう毎日必死に手を合わせてお願いしました。幼い聖一国師も、弁天様に母の面影を偲《しの》んで手を合わせていたのです。

そうです、この弁天様は母子をつなぐ大切な仏様だったのです。

実はこの話を、平成24年に承天寺の境内をお借りして上演した聖一国師の劇の本番の前日に、承天寺の老大師様からお聞きしたのです。そこには私ともう一人、筑前琵琶の奏者である寺田蝶美師範がいました。

この劇を上演するにあたり、俳優の見高光義氏に脚本・演出をお願いして三部構成で準備を進めていました。ある日、ピーンという閃《ひらめ》きがあり、なぜ聖一国師が宋の国へ渡ったかを描く場面を第一部にしようと、詩吟の吉田城世吟道光世流上席師範、葵秀鳳聖舞流宗家、俳優の岩城朋子さん、そして寺田蝶美師範らに協力を仰ぎ、第一部としました。不思議なことに、この二人のセリフも天から降ってきたようにすらすらと書けたのです。

第一声は「わからん、なぜ自分が学んだ仏法で人々が救えないのか、わからん」という台詞でした。そこに筑前琵琶の音が響き渡り、聖一国師の渡宋前の苦悩を描いたのです。ことのほかこのオープニングは好評で、重く入った第一部から第二部の軽妙な舞台へと場面が変わっていくので、観客も大喜びでした。

この筑前琵琶を起用する理由が、本番の前日に老大師様からのお言葉ではっきりとしたのです。なぜなら、弁天様が持っておられる楽器と言えば、そう「琵琶」なのです。その瞬間に私はこの劇を上演する本当の意味を理解したのです。そしてこの劇にはどうしても琵琶が必要だったのです。

「琵琶」を持つ弁天様によってつながっていた母子、そしてその「琵琶」によって現在とつながっていたこの劇。時空を超えてつながっていたことに、東北大震災のすぐ後に上演したこの劇の本当の価値があったように思えたのです。

そしてこの漫画も、その劇を観た中間令三さんが熱意を持って周りを説得して企画を推し進め、この漫画を描いた渋田先生も偶然この劇を観ていたのです。このように色々な縁がつながってこの本が実現したのです。これを仏縁と言わずしてなんというのでしょう。

仁治《にんじ》三年(一二四二)九月
謝国明《しゃこくめい》たちの寄進《きしん》により
博多・辻《つじ》の堂に承天寺《じょうてんじ》建立《こんりゅう》
開山第一世として
円爾が招かれ
和尚《おしょう》となった
ここ博多こそ
わが第二の故郷
博多の人々の
ために日々
精進《しょうじん》しよう!
その生活は決して
おごることなく
極めて質素《しっそ》であり
粗末《そまつ》な衣で
町中を托鉢《たくはつ》して
回ることもあった
なんだ、この
坊主は?
托鉢なんか
来られちゃ
迷惑だよ!
承天寺の円爾の名を
知っている人でも
それが円爾とは気づかず
追い返してしまうことも
少なくなかったという

いらっしゃいませーっ
御休処
団子《だんご》二皿
お待たせいたしました！
この団子本当にうめえな
店主！もう一皿！
ありがとうございます！
ん…？
ほおっ
なんだ托鉢坊主か
恵んでやる金なんかねえよ！
帰れ帰れ！
お待ちください
お勤めご苦労様でございます
少ないですがお納めくださいませ

チャリン
南無…
店主も もの好きだな
そんな坊主 放っときゃ いいのに
仏様の御加護で こうして商いが できるのです
少しでもお返しを しませんと…
ご店主
お名前を 伺《うかが》っても よろしいかな
栗《くり》波《は》吉《きち》右《え》衛門《もん》に ございます
この小さな店で やりくりも 大変だろうに…
ありがたい ことだ…
いらっしゃい ませ
どうぞ お座り ください
あ……

なんにいたしましょう?
お…お団子を二皿…
二皿ですね
あ…いえ…一皿で結構です
お待たせいたしました!
ごくん…
ぱくっ
ぱく ぱく
ぱく ぱく
う…
ぽろっ…
ううう…
お…お客様
どうなさいました!?
い…いえ

この団子があまりにおいしくて…
私はお金を持ちません！
ご店主…
はい…
……えっ!?
宿も仕事もなくもう何日も何も食えず…
ひもじさのあまりつい……
申し訳ございません！
どんな罰でもお受けいたします！
はなからタダ食いする気だったのか!?
何てヤツだ！

このヤロー！
お待ちください！
この方は悪人ではございません！
何言ってるんだあんた！
タダ食いされて平気なのか!?
お聞きください！
この方は最初お団子を二皿頼まれましたが
すぐ後一皿と言い換えられました
私をだましてタダ食いする気ならば
そのまま黙って二皿食べてもよかったのです
なのにこの方は一皿しかお食べにならなかった…
それは私のお店のことを思いはかられて
少しでも損を少なくしようと思われたからですね
……
そう…あなたは本当はお心のきれいな方だ
空腹でやむにやまれずこのようなことをなさったのでしょう

さあ…
よろしければもう一皿！
ご…ご店主!?
お代はいりません
一人でも多くの方にうちのお団子を味わっていただければいいのです
どうか二度とこのようなことをなさいませぬよう…
ありがとう…
ありがとうございます！
なんと慈悲《じひ》深い…
あの店主は長年私が修行で学んだ御仏《みほとけ》の心をすでに持っておられる
まこと小さな店だが…
あの店主の役に立つことができないものか…
…そうだ！

もし…
ご店主!
休処
おや、先ほどのお坊様
まだ何か…?
はい、実は…
私は承天寺の住職をしておりまして…
じょ…承天寺!?
するとお坊様はあの円爾様!?
そうとは知らずご無礼を…
いやいや、お気になさらず
実はご店主にあるものを作っていただきたいのです
宋の国で広く食されている「饅頭《まんとう》」——小麦粉をひいて生地《きじ》とし酒母《しゅぼ》(糀《こうじ》)で醸《かも》した菓子ですが
ぜひこれを仏様へお供えしたいと思いましてな
は…はあ…円爾様のお願いとあれば…

円爾は宋で学んだ「饅頭」の作り方を吉右衛門に伝えた
まず小麦を石臼でひいて粉とし水で練って生地を作る
これに酒母を加えて発酵《はっこう》させ柔らかく膨《ふく》らませて
中に具を入れて蒸し上げる
宋国では中に肉などを入れるが仏様に供えるので小豆《あずき》から作った餡《あん》がよかろう
できた!
これは良い香り…
酒と同じように酒母を使って醸すので仕上がったものも酒と同じ香りがするのです
さながら「酒饅頭《さけまんじゅう》」とでも呼びますか…
果たして味の方は?

ぱくっ
もぐ
もぐ…
!
円爾様、ぜひ
この饅頭を
私の店で出させて
もらえませんか!
ぜひそうして
ください!
これは…
なんという
美味《びみ》!
ふっくらとして
口の中一杯に甘みが
広がるようだ!
吉右衛門は
さっそく円爾から
「御饅頭所」の
お墨付きの看板を
もらいうけ
御饅頭所
作った酒饅頭を
お店で出すことに
したのだった
「酒饅頭」
だって?
ひとつ
食ってみるか
もぐ
もぐ
こりゃ
うまいっ
おい店主っ
もう一個!

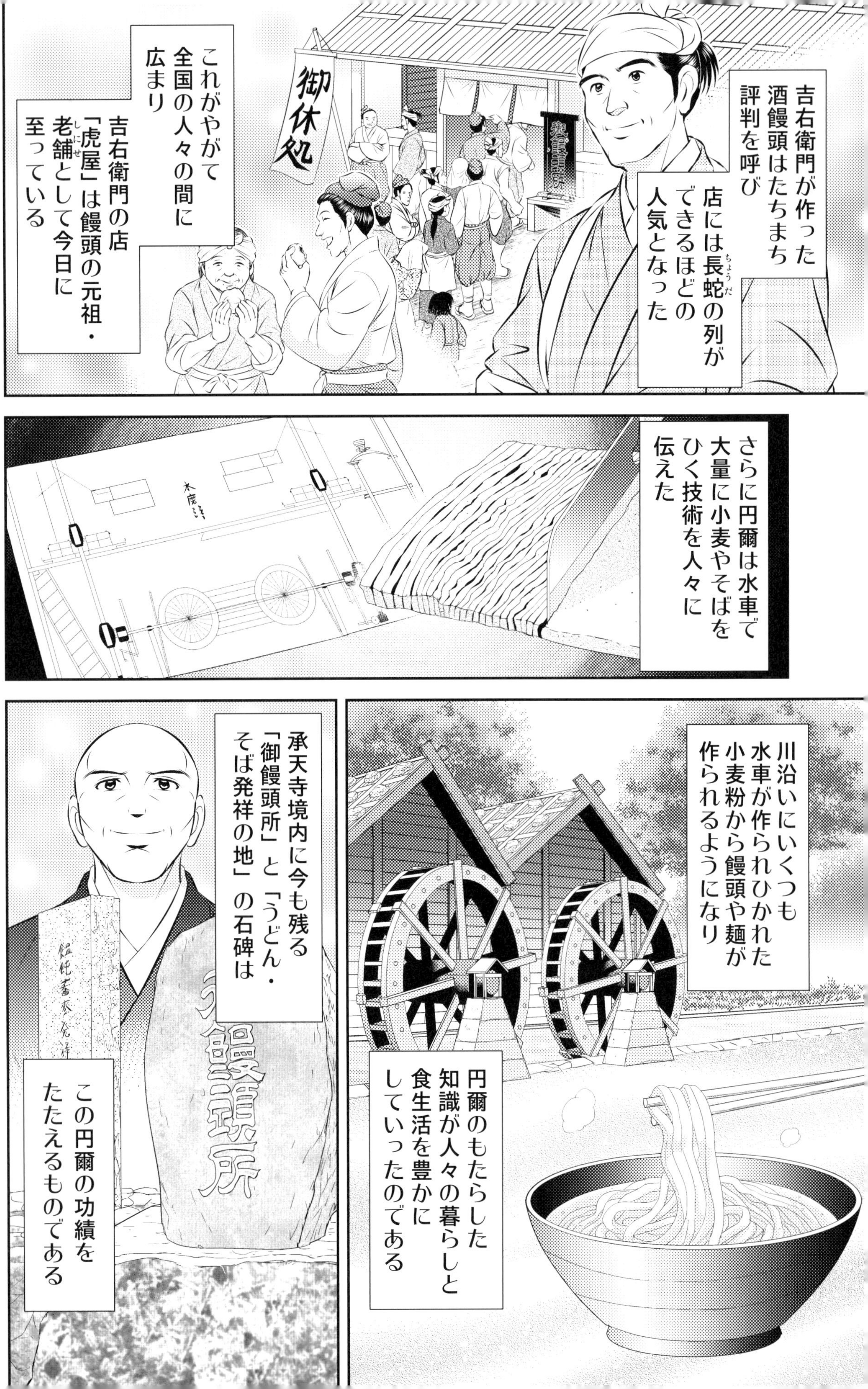

吉右衛門が作った
酒饅頭はたちまち
評判を呼び
店には長蛇《ちょうだ》の列が
できるほどの
人気となった
御休処
これがやがて
全国の人々の間に
広まり
吉右衛門の店
「虎屋」は饅頭の元祖・
老舗《しにせ》として今日に
至っている
さらに円爾は水車で
大量に小麦やそばを
ひく技術を人々に
伝えた
川沿いにいくつも
水車が作られひかれた
小麦粉から饅頭や麺が
作られるようになり
円爾のもたらした
知識が人々の暮らしと
食生活を豊かに
していったのである
承天寺境内に今も残る
「御饅頭所」と「うどん・
そば発祥の地」の石碑は
この円爾の功績を
たたえるものである

歴史ナビゲーター・井上政典

おもしろ博多史４　聖一国師が日本にもたらしたもの

　お坊さんを現代人の視点で見ると、墓前でお経を唱える人のように思いがちですが、当時はお坊さん＝学者なのです。お寺にお墓が併設されるのは江戸時代になってからで、鎌倉時代のお寺は現在の大学と考えてください。特に留学をしたお坊さんは仏教だけでなく、いろんな学問及び技術を身につけて帰国しています。

　留学僧により科学技術や新知識などいろんなものが日本国内にもたらされ、そこから大きく発展していきました。留学僧の役割は多岐にわたっており、次の五明という言葉で伝わっています。

「声明《しょうみょう》」…音楽・文法・文学でコーラスの起源とも言われます。

「因明《いんみょう》」…論理学・哲学です。

「内明《ないみょう》」…仏教の教理を研究する学問です。

「工巧明《くぎょうみょう》」…工芸・数学・建築学などを学びます。

「医方明《いほうみょう》」…医学です。

　平安末期、奈良の大仏が焼失した時に、重源《ちょうげん》上人は南宋留学で学んだ建築学などの知識を使って奈良の大仏及び大仏殿を見事に再建しました。古くは弘法大師空海が真言密教だけでなく、灌漑《かんがい》用水のためのダムの建設技術で讃岐平野を潤した話は有名ですね。

　聖一国師も、「うどん・そば発祥の地」という碑が承天寺に建っていますが、これは水磨《すいま》の術という水力を使った製粉技術を伝えたところ製粉文化が瞬く間に全国に広がった、ということから来ています。当時は図面だけでなくミニチュア模型を持ち込み、それを拡大して現物を作るということが行われていました。もちろん、酒饅頭の製法など庶民の食文化に密接に関わっていたことがわかります。

　また聖一国師とともに帰国した満田弥三右衛門《みつだやざえもん》は、博多織の基礎となる技術を持ち帰ります。その図柄には独鈷《どっこ》や華皿《はなざら》といった仏具をあしらったものや、子持ち縞などに人間が持つべき資質を込めるなど、衆生を救うという国師の思いが博多織の図柄にも込められています。江戸時代には博多織が黒田藩から将軍家へ「献上」されるまでになりました。

　このように知識と智慧が集まっているところ、それが当時のお寺だったのです。

　その中で医方明《いほうみょう》という医学の知識もあったので、博多に疫病がはやった時にその病魔の制圧に尽力したことが山笠の起源になったといわれています。

　つまり聖一国師は博多の大恩人なのです。

第２章：山笠の起こり

博多が繁栄していた鎌倉中期は
国内や国外との人の往来もますます盛んになっていた
ヨロ
ヨロ…
それが時には大きな災厄につながることもあった——
バタン
やれやれ…昼間から酔っ払いかよ
おいっしっかりしろ！
ぜぇ
ぜぇ
ぜぇ
こいつ…酔っ払いじゃねえ
病《やまい》だっ！
流行《はや》り病が出たぞーっ！

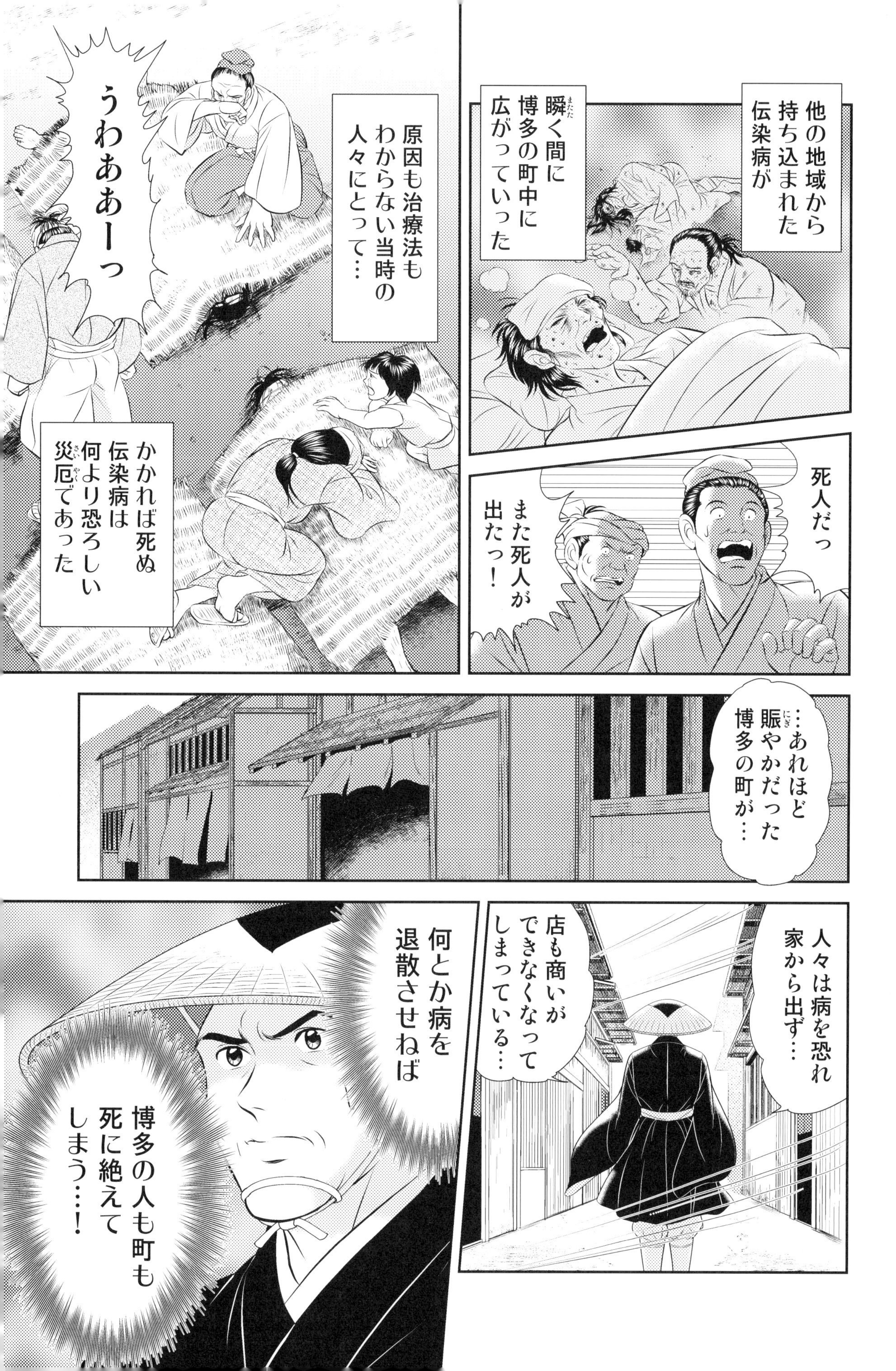
他の地域から持ち込まれた伝染病が
瞬《また》く間に博多の町中に広がっていった
死人だっ
また死人が出たっ！
原因も治療法もわからない当時の人々にとって…
うわあぁーっ
かかれば死ぬ伝染病は何より恐ろしい災厄《さいやく》であった
…あれほど賑《にぎ》やかだった博多の町が…
人々は病を恐れ家から出ず…
店も商いができなくなってしまっている…
何とか病を退散させねば
博多の人も町も死に絶えてしまう…！

円爾は
病に苦しむ人々を
救おうと
寝る間も惜しみ
病魔《びょうま》平伏《へいふく》を
祈り続けた
和尚様っ
和尚様っ
どうか病を
お鎮《しず》め
ください！
恐怖におびえた
人々は 連日その
円爾のもとへと
押しかけていた
和尚様！
ドド
ドド
お静かにっ
今 病魔平伏の
祈願をしている
最中です！
し…しかし
町では今日も
死人が…！
く…
こうして毎日
神仏を
拝んでいるのに
わが妻や娘は
病に苦しみ続ける
ばかり…

和尚様！
仏様は…
仏様は本当におられるのですか!?
願いが届かぬなら神も仏もないではありませんかっ！
仏は…
御仏は
必ずおられます
この私はこれまで何度も御仏に救われてきたのです！
御仏は必ず聞き届けてくださるはず！
そう信じて念ずるのです！

博多総鎮守
櫛田神社――
ここでも病魔退散の祈《き》禱《とう》が行われ大勢の人々が押し寄せていた
櫛田宮
おおっ見ろっ！
承天寺の円爾様だっ！
円爾和尚！
よく参られた！
櫛田神社　宮司
宮司様…実はご相談があって参りました
それぞれ神と仏に仕える身ですが私たちの願いはひとつ…

皆で祈れば必ず病魔に打ち勝てるはず！
博多の総鎮守様に病魔平伏を祈願させてください！
和尚殿…
人々のためにそこまで…
もとより仏様も八百万《やおよろず》の神の一人
ともに御祈願いたしましょう！
宮司様！
神仏の垣根を越えて櫛田神社にまで詣でた円爾は
宮司とともに病魔平伏を祈願した
和尚様と宮司様が…
なんとありがたい…！
あ…

!
や…病だっ
また病人が出た！
なんと!?
姉ちゃん！
しっかりして姉ちゃん！
そうだ…！
私はかつて宋で流行り病の人を見たではないか…！
あの時人々はどうしていた？
どう病人を扱っていた…？
!
待ちなさいっ!!

その人に直《じか》に触れてはなりませんっ
離れなさい！
和尚様…
宋にいた時私は同じような病人を見ました
恐れることはありません
病そのものは治せなくても
病を防ぐ方法ならあるのです！
和尚様、その方法とは？
皆で手分けして町の病人たちを集めましょう
病を広げないためには
まず病人を町の人々から離さねばなりません
病人を…
集める…？

円爾は病人を承天寺や櫛田神社などに集め…
僧たちとともに自ら介抱《かいほう》にあたった
病人たちの衣服を替え湯で体を拭き
古い服はすべて焼き捨てます
介抱の際は病人に直に触れずに
あて布を使うのです
暖かい場所でゆっくり養生《ようじょう》させてやれば
病人たちは必ず元気になりましょう!
人々は宋で学んだ円爾の教えに従って病人たちの衣服を焼き…
直に触れずに病人たちの介抱を続けた——

和尚様
こちらの熱も
下がりました
顔色も
良くなって
きています
熱が
下がった
この人は
もう
大丈夫だ
和尚様！
お姉ちゃんが
目覚めた！
円爾らの努力で
病は勢いを
失い始め…
死人の数も
しだいに減って
いった——

もう町には病人はおらん…
博多にもようやく活気が戻ってきたようだ
あっ 和尚様！
おお、坊や
見て！お姉ちゃんすっかり元気になったよ！
和尚様のおかげで！
うむ…
残るは承天寺の病人数人か…
和尚様ーっ!!
どうしました、また病人ですか!?
い…いえ
死にかけていた病人が持ち直しました！
他の病人たちも快方に向かっています！
で…では…

ガッ
和尚様！
とうとう…
とうとう病を退散させたのです！
そうか……！

和尚様
今ひとつお願い事がございます
病で亡くなった人々の供養と…
再び病魔が現れぬよう御祈願を!
わかりました
では施餓鬼《せがき》の法要を行いましょう
亡くなった人々の供養のために承天寺には
お供え物やお飾りを棚に乗せて供える「施餓鬼棚《せがきだな》」が作られた
和尚様
ご用意できました!
では参りましょう
このような災厄が二度と起きぬように
博多の町を浄《きよ》めるのです!

町人たちが担ぐ
施餓鬼棚に乗った
円爾は…
おっしょい
おっしょい
人々の掛け声の中
通りにお浄めの
水をまきながら進んだ
おっしょい
おっしょい
おっしょい
棚は承天寺から
櫛田神社、東長寺を
通り
博多の町を
隅々まで浄めて
回ったのである――

わかった！
その施餓鬼棚が山笠の舁《か》き山になったんだ！
そん通り、その棚に見立てた舁き山を担ぐ祭りが
今日まで七百年以上も続きよる山笠たい！
すごかーっ
円爾和尚って本当にすごい人だったんだねー！
台上がりの人は円爾さんのイメージなのね！
うん、それに…
追い山が必ず櫛田神社や承天寺を通るのは
円爾和尚ゆかりの場所だったからなんだね！
でもちょっと変だな…
円爾さんが町を浄めて回った時は歩いて回ったんでしょ？
いつから今みたいに走るようになったと？
それは江戸時代のある事件がきっかけたい

貞享《じょうきょう》四年(一六八七)土居《どい》流《ながれ》の町内のある娘が恵比須《えびす》流《ながれ》の若者のもとに嫁いだ――
当時、花婿が正月に花嫁の実家に里帰りした時笹水《ささみず》という水をかけ祝う風習があったが
土居流の若者たちは度を越してこの花婿に水桶《みずおけ》までかぶせてしまった
これを知った恵比須流の若者は…
土居流めっ オレたちをバカにしやがって!
これがもとで二つの流のケンカ沙汰にまで発展したが
その場は何とか収まったという
その年の山笠当日――
二番山笠の土居流が東長寺付近で休憩し昼食をとっていると…
ドドドド…
…ん?
何だ?

な…
なにっ!?
三番山の
恵比須流が
走って来る!!
正月の
怨みだーっ
うおおお
土居流より
先に行って
見返してやる!
くっ
くそっ
おおおおお
先に行かせて
なるかーっ!
あわてた
土居流も
走り出し
二つの山は
追いつ追われつの
競争になった
おいさっ
行けーっ
負けるなーっ
おいさっ
これが評判になって
以降山笠は
速さば競うごと
なったとたい

あははは
面白ーい！
長く続くうちに色々なことがあったんだな
うわっ…朝山ってこんな狭い裏路地まで山が入っていくの!?
おっしょい
おっしょい
おっしょい
速さば競うようになる前の山笠ば見たかったら
七月十一日の朝山ば見に行くとよかよ
「入《い》り軒《けん》」というて流の各町内の隅々まで山ば持っていって祝うて回るとたい
朝山は祝儀《しゅうぎ》山ともいわれ流の功労者が赤い締め込みや麻帷子《あさきじ》を着て台上がりばする
そして この日だけは生まれて間もない赤ん坊や流の子供たちも台上がりできる
…だけん この朝山の時おいしゃんはいつも円爾さんが
博多の町ば浄めて回られたエピソードば思い出すとたい

歴史ナビゲーター・井上政典

おもしろ博多史5　聖一国師と寺・神社の関係

漫画の中の流行り病とは、ずばり天然痘《てんねんとう》です。

疱瘡《ほうそう》・痘瘡《とうそう》ともいい、古くは平安時代からその流行が記録されています。非常に強い感染力を持ち、致死《ちし》率が平均で2割から5割と高く、治癒《ちゆ》しても全身に膿疱《のうほう》ができるため瘢痕《あばた》が残ることがありました。

戦国時代、伊達《だて》政宗が子供のころにこの病にかかり、右目を失明し独眼竜と呼ばれたのは有名です。また幕末の英雄高杉晋作も9歳の時に罹患《りかん》し、命には別条なかったものの顔に紫色のあばたが残ったため、あだ名を「小豆餅《あずきもち》」といわれていました。

のちに種痘《しゅとう》が発明されてこの病気は自然界からは消えてなくなりましたが、それまでは幾度となく流行を繰り返してきました。この時代には有効な治療法は存在せず、個人の持つ運によって左右されました。唯一の制圧方法は、感染を防ぐことであり、その知識を聖一国師は持っていたのです。それは新たな感染の拡大を防ぐことになります。天然痘自体は3週間もすると治癒に向かいます。その間を耐えるだけの気力と体力が生死を分けるのです。

聖一国師の念仏や櫛田神社の祈祷《きとう》によって人々の心に安心を与えたことにより、病気に対する抵抗力が生まれたのではないでしょうか？

念じたり信じたりすることにより人間の免疫力が増えたという例も散見されます。神仏に頼るということで、多くの患者が自分の体の中に病に対する力を得た、と言っても過言ではないでしょう。

それほど聖一国師の衆生を救うという気持ちと、人々がそれを信頼する気持ちが強かった、と言えるのではないでしょうか。

明治期以降、神仏分離令のために神道と仏教が別々なものになっていますが、当時は仏様と神様の二つの手で日本人は守られていました。お寺の中に神社が、神社の中にお寺があり相互補完をしていたのです。ですから、櫛田神社のお祭りの起源が承天寺の聖一国師であっても、何の不思議もないのです。しいて言えば、仏教が信じる信仰であるのに対して、神道は感じる信仰なのではないでしょうか。

この漫画でお分かりのように、博多祇園山笠の起源が聖一国師だから、承天寺に舁《か》き山が挨拶に行きます。さらに明治まで東長寺が櫛田神社の神護寺だったのがご縁で東長寺にも行くので、山が立ち寄る「清道旗《せいどうき》」が立てられているのは、櫛田神社・承天寺・東長寺の3カ所となるのです。

始まってから七百年も経ってるけど
古い形の山笠は今でも残っているんだね
そうたい！
けど…人も町もどんどん変わりよるとに
どうして山笠はそげん長い間続きよると？
それは博多の人に伝統ば敬う心があるけんよ
伝統ば敬う心？
例えば小学校やったらきちんと挨拶ばするとか
先生には敬語を使ったりするやろ？
うん！
学校や公共の場所に色々なルールがあるように
山笠にも色々なルール…決まり事やしきたりがあるとよ
例えば京太くんが18歳くらいで博多に来て
山笠に初参加したとするばい

第3章：山笠の伝統

山笠は毎年七月一日の注連《しめ》下ろしに始まり
当番町・各流《ながれ》のお汐《しお》井《い》取りへと続いていく
筥崎浜で各流が汐井（真砂《まさご》）を取り持ち帰る神事がお汐井取りであり
この汐井で身を浄めた者だけが山に触れることを許される
山笠の期間中各流の関係者の直会《なおらい》（集会）は詰《つめ》所《しょ》で行われ
舁き山の前の山小屋では二十四時間山の警護が行われる
奉納 三番山笠 福一流
奉納 三番山笠
初参加の若者はここで各流の先輩たちに様々なことを教わりながら山笠の準備をするのだ
おーい京太！お前にお客さんばい！
え…？
父さん！わざわざ東京から来たの？
ああ、父さんも一度山笠を見たくてな
せっかくだから山小屋の中から舁き山を見る？
ああ、すまんな
！

こらーっ
何ば しよるとか 京太ーっ！
な… 何ですか 先輩！
お父さん すんまっせん！
舁き山の山小屋や 直会ばする詰所は 神事ばつかさどる 神聖な場所やけん
筥崎さんでの お汐井取りで 身ば浄めた者しか 入られんとですよ
あ…
そうなんだ…
京太… なんで各町内が 二十四時間 山ば警護しよるとか わかるや？
山笠見物のお客さんに 山笠の説明や ご案内ばするとも 仕事ばってん
こういう大切な事ば よーと見物の方に 説明するとも仕事ぞ！
山笠のしきたり① 詰所や山小屋など 神聖な場所は お浄めを受けた者以外 入ってはならない

七月十日になると
「流《ながれ》舁《が》き」が
スタートして
山笠本番の前に
櫛田神社に山を入れる
「櫛田入り」も
行われる
よーしっ
頑張って山を
舁くぞーっ！
こらこら
京太
おまえは
「一般手のごい」
やろうが！
…へ？
「一般手のごい」
？？
おまえが
頭に巻いとう
それ…
その「手拭《てのごい》」には
ちゃんと意味が
あるとぞ
山笠ではそれぞれ
年齢による役職があって
持っている手拭の
色によって分けられとる
責任者
流総務（最高責任者）
山笠委員（山笠の仕切役）
町総代（各町の代表者）
取締（赤白・各町一名 山を舁くリーダー）
衛生（救護員）
赤手拭（赤・各町数名 山の舁き手）
一般手拭（白・一般参加者）
老年
中年
若者
子供など
台上がり
舁き手
雑用係
櫛田入りの時
山ば舁くとは
一人前と認められた
人だけたい！

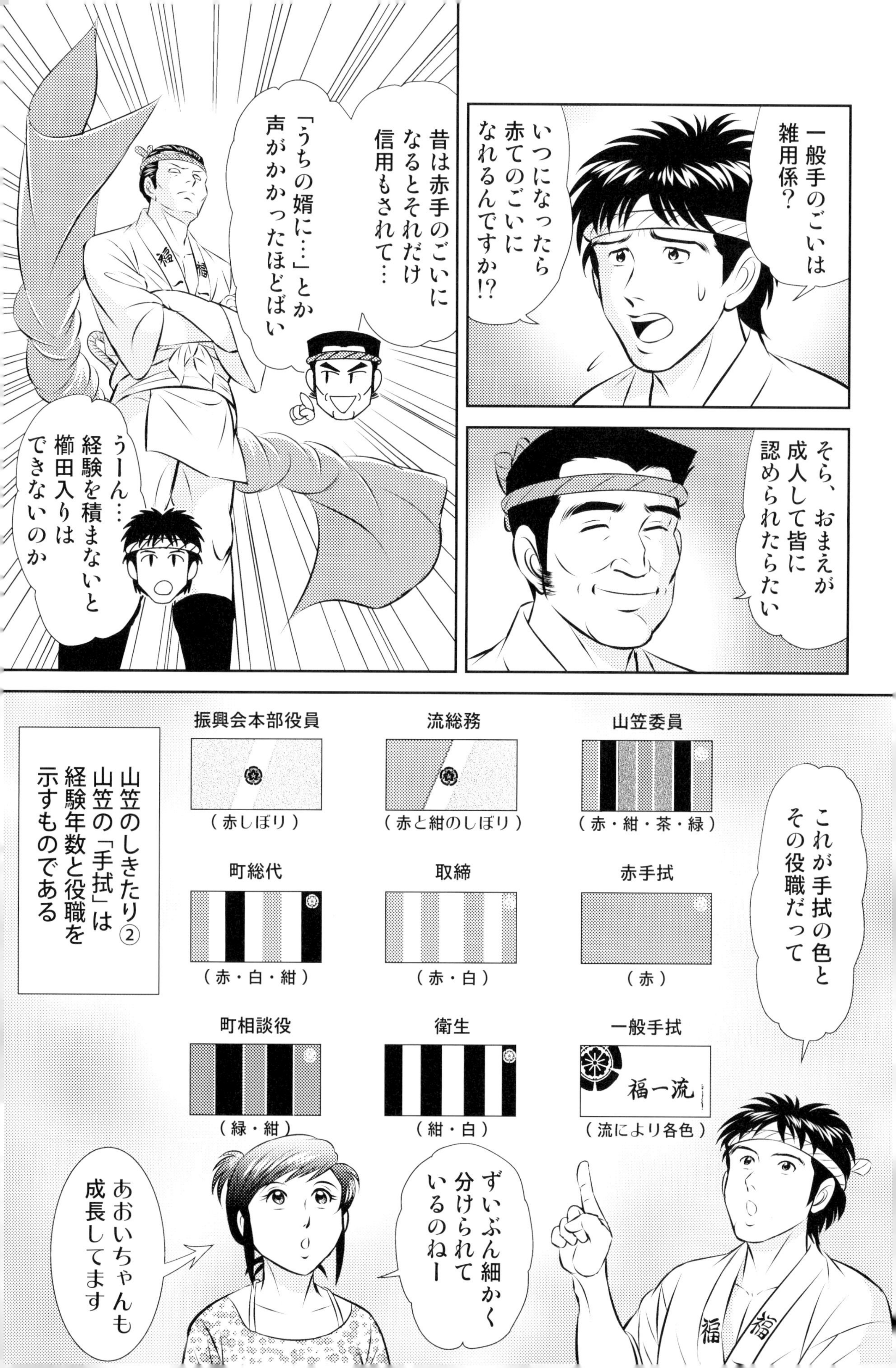
一般手のごいは雑用係？
いつになったら赤てのごいになれるんですか!?
そら、おまえが成人して皆に認められたらたい
昔は赤手のごいになるとそれだけ信用もされて…
「うちの婿に…」とか声がかかったほどばい
うーん…経験を積まないと櫛田入りはできないのか
山笠のしきたり② 山笠の「手拭」は経験年数と役職を示すものである
振興会本部役員
（赤しぼり）
流総務
（赤と紺のしぼり）
山笠委員
（赤・紺・茶・緑）
町総代
（赤・白・紺）
取締
（赤・白）
赤手拭
（赤）
町相談役
（緑・紺）
衛生
（紺・白）
一般手拭
福一流
（流により各色）
これが手拭の色とその役職だって
ずいぶん細かく分けられているのねー
あおいちゃんも成長してます

山笠が行われている間
男はずっと山に
かかりきりになる
山笠 福一流
それを影で
支えているのが博多の
「ごりょんさん」と呼ばれる
おかみさんたちだ
法被《はっぴ》などの洗濯、
身のまわりの世話は
もちろん
総代《そうだい》の家などに集まり
直会での食事の
支度《したく》をこなしていく
貝汁は
できとるね？
それと
こぶするめば
忘れんごとね
ちょっと
あおいちゃん
料理ができたけん
詰所に行って
知らせてきて！
はーいっ
京太くーん！
料理ができとるけん
運んでって！
おう！
うーっ
重いーっ！
頑張ってね！
女性も詰所には
入れないので
料理を運ぶのは
一般手拭である

いただきまーす!
うん、うまい!
マジでうまい!
ふー……
食った食った…
もう腹いっぱいだ
ごちそうさまー
おい、京太!
貝汁がまだ残っとうぞ!
いやー先輩
オレもう腹一杯なんで…
なんが腹一杯かっ京太っ!!
いっ!?

ごりょんさんは
しきたりで
山笠には
出られんばってん
オレらの世話ば
することで山ば
支えとうとぞ！
男が家ば
空けとる間
家のことば全部
こなしながら
オレたちのために
みんなで料理まで
作りよんしゃる
それが どげん
ありがたかことか
わかっとって
残すとや？
あ…
す…
すいませんっ
ずず！
男だけが山ば
動かしとるとや
なくて…
私たちが
おらんやったら山は
動かんとやね！
山笠のしきたり③
影で支える
ごりょんさんには
敬意を払う

直会では流の運営に関するさまざまな意見が飛び交う
意見を交わすことで流の結束を高める大事な場である
あそこはこげなふうにしたらどうやろうか?
いや、それよりあげんした方がよかろう
そらちょっとまずかろうもん
どこがまずかとや?はっきり言わんか!
まずかけんまずかて言うたとたい!
時にはこんな調子でもめ事になることもある
なんかっその言い方は!?
ちょっと先輩!
でっ

二人ともそんくらいにしとかんか！
総代《そうだい》！
赤《あか》手《て》拭《のごい》どうしがケンカしよったら
山がまともに走らんやろうもん！
二人の意見は聞いとくけんその件はわしに任せんね
はい…すんません！
じゃ そろそろお開きやね
手一本で締めるばい！
手一本？？
片手だけでどうするんですか？
バカ博多手一本のことたい！

話し合いや会合がお開きの時は必ずこの手拍子で締めると
☆博多手一本☆
①よおー！
シャンシャン(2拍)
②まひとつしょ！
シャンシャン(2拍)
③祝《いお》おてさんど！
シャシャンシャン(3拍)
会で決まったことに「異議なし」を表す博多では大事な慣例ばい
何かもめ事があっても手ば入れたらもう文句つけたらいけん
つまり手打ちというわけたい
なるほど！
よおーっ！
まひとつしょ！
祝《いお》おてさんど！
山笠のしきたり④
博多手一本は皆の心をまとめもめ事を防ぐ大事な手順である

歴史ナビゲーター・井上政典

おもしろ博多史 6　「おっしょい」と博多手一本

長い伝統を誇る博多祇園山笠なので、いろんな言葉や習慣がそこに根付いています。たとえば、「おっしょい」という掛け声。これは、神事ですから山に携わる人を清め、15日間という長丁場ですから山の安全を祈願する「お汐井」取りから来ている言葉です。「おしおい」と数回口に出してみてください。すぐに「おっしょい」になっていくでしょう。

日本語は表意文字ではなく表音文字ですから、漢字を当意即妙《とういそくみょう》に当てはめています。例えばこの「お汐井」はさんずいに「夕」と書きますが、神社で使用するお清めのための海砂は「お潮井」と、さんずいに「朝」と書きます。これは神社で「おしおい」を取るのは「朝」ですが、山笠は午後から行くので「夕」を使うという具合です。

また、海砂でお清めをする習慣があるのは福岡市を中心に北部九州だけであり、これはイザナギノミコトが黄泉の国から帰ってきて禊《みそぎ》をしたことの名残《なごり》であるということを、拙著『オッショイ！福岡の神社が面白い』（啓文社書房刊）をご覧いただくと詳しく書いております。その本を書くきっかけとなったのも、この聖一国師を調べる時であったことを考えると、これもまた仏縁と言えるのではないでしょうか。

また博多手一本という博多独特の締め方ですが、この手一本が何に対比されているのかをご存じない方が昨今増えてきました。これは、武士の二本差しに対する商人の手一本となるのです。

武士は約束をする時に刀や鍔を打ち鳴らして「金丁《きんちょう》」と呼び、堅い約束を交わします。しかし、商人は刀を持ちません。「それではこの手一本で交わした約束は決して破りません」という誓いの証だったのです。だから手一本を入れた後は拍手も何もせずに速やかに解散し、お互いの約束を決して破らないという商人の誇りを表します。

江戸時代の商人が差し出したお金の借用書に、「もし期日までにお返しできない時は……」、その後に続く言葉が、なんと「お笑いそうざれ」なんです。商人にとって約束を破り信用を失うことは「死」よりも重い罰になるのです。日本には100年以上続く会社が3万社以上も存在しますが、その理由が博多の手一本にも残っているのではないでしょうか。普段何気なくしている挨拶や作法にも長い歴史と人々の誇りが刻まれているのです。

私たちの使命は、先人から受け継いだものを後世に伝えることだと思います。この本がその一助となれば、この本の制作にあたった多くの人々の思いが伝わっていることになります。一挙手一投足や何気ない言動にも深い意味があり、それを知ることは日本人としての歴史を知ることであると思う次第です。

京太くんが山笠に初参加したら…
きっとこげな感じやろうね
へー、しきたりって色々あるんだ
でも、どれもちゃんと意味があるとやね
そう…昔からの伝統があるけん 今でも山笠が見られるとよ
ふーん…
でもその割にはあまり古い建物が博多には残ってないけど…
お、よう気がついたね
実は博多は戦争の時大空襲《だいくうしゅう》に遭《お》うて古か博多の町も通りも全部焼き尽くされたとよ
えーっ空襲!?
博多流

古くから山笠で
受け継がれてきた
貴重な品々も
この時全てが
灰になってて
しまった――
ダメや…
これじゃ
もう山笠は
でけんばい
七百年続いた
山笠もこれで
終わりたい
!
お…
おいっ
これは…!

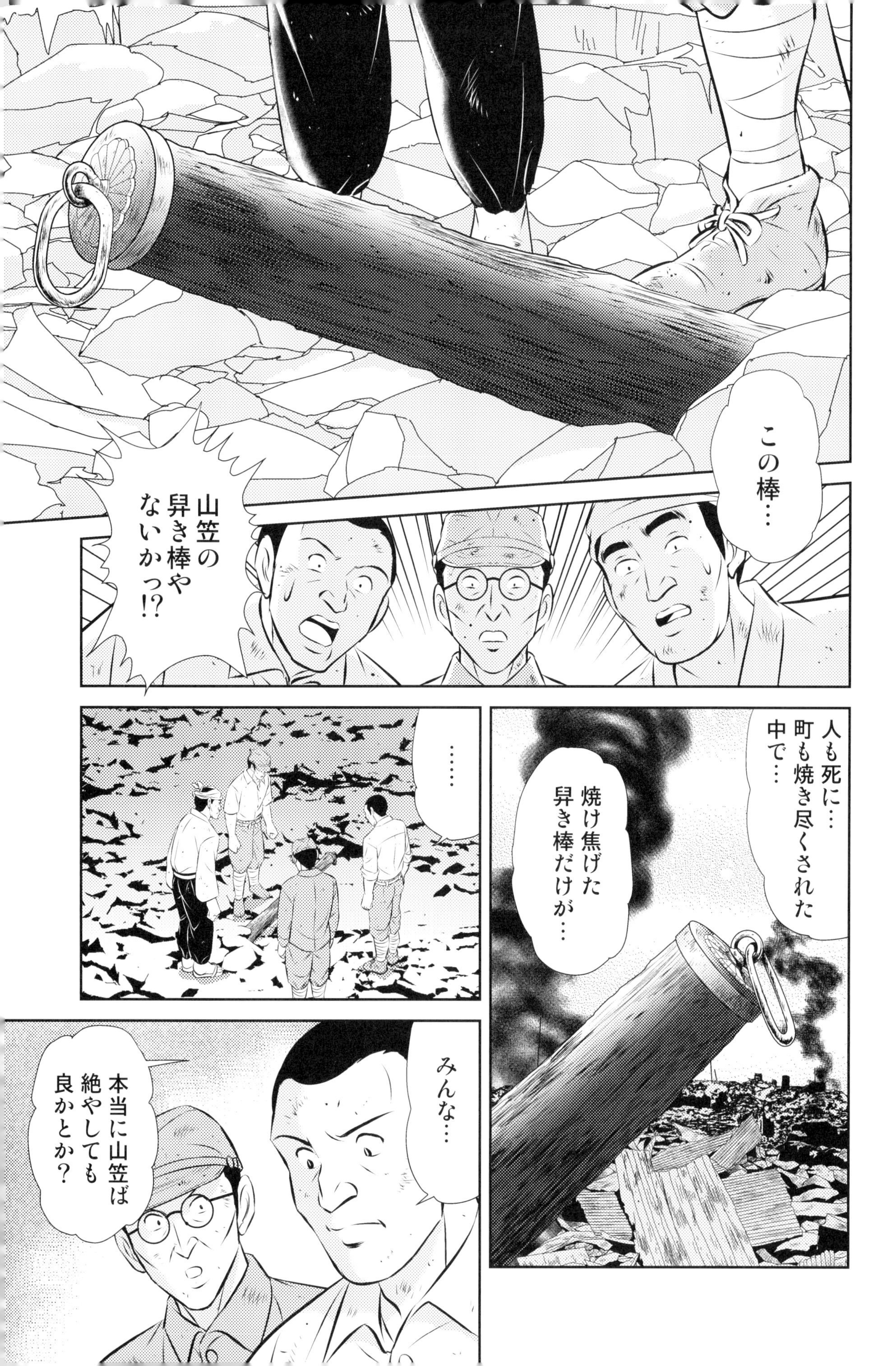
この棒…
山笠の舁き棒やないかっ!?
……
人も死に…町も焼き尽くされた中で…
焼け焦げた舁き棒だけが…
みんな…
本当に山笠ば絶やしても良かとか？

道具が焼けたなら新しく作ればよか！
そうたい！
伝統ば受け継ぐ心があれば山笠はやれるはずたい！
よし、みんなで掘り起こせ！
おうっ！
人々の幸福を願って山笠を始めた円爾和尚…
そしてその思いを受け継いできた先人たち…
どげん町が灰になろうと
博多《はかた》者《もん》の伝統ば敬う心は絶対に消されん！

人々は焼け残った道具や
資材をかき集めて
舁き山を作った
そして――
よっしゃっ
皆でこれを
舁こうっ！
おいさーっ
おいさーっ
博多の町も山笠も
名もなき人たちが
一から作り直し…
おいさっ
おいさっ
おいさっ
おいさっ
みごとに復活
させたのである
――

…今は時代が変わってしもうたけん山笠に出るとは博多の人とは限らんし
色んな所から加勢に来とる人もいっぱいおる
ばってんみんな自分は博多の住人として誇りば持って舁きよるとよ
全然知らんやった…
博多ってそんなにすごい場所だったんだ!
あっ
おいさっ
おいさっ
おいさっ
また舁き山が走ってきた!
よしっ決めた!!
えっ?
ぼくはいつか博多に引っ越して来るよ!
そしてあの山を舁くんだ!

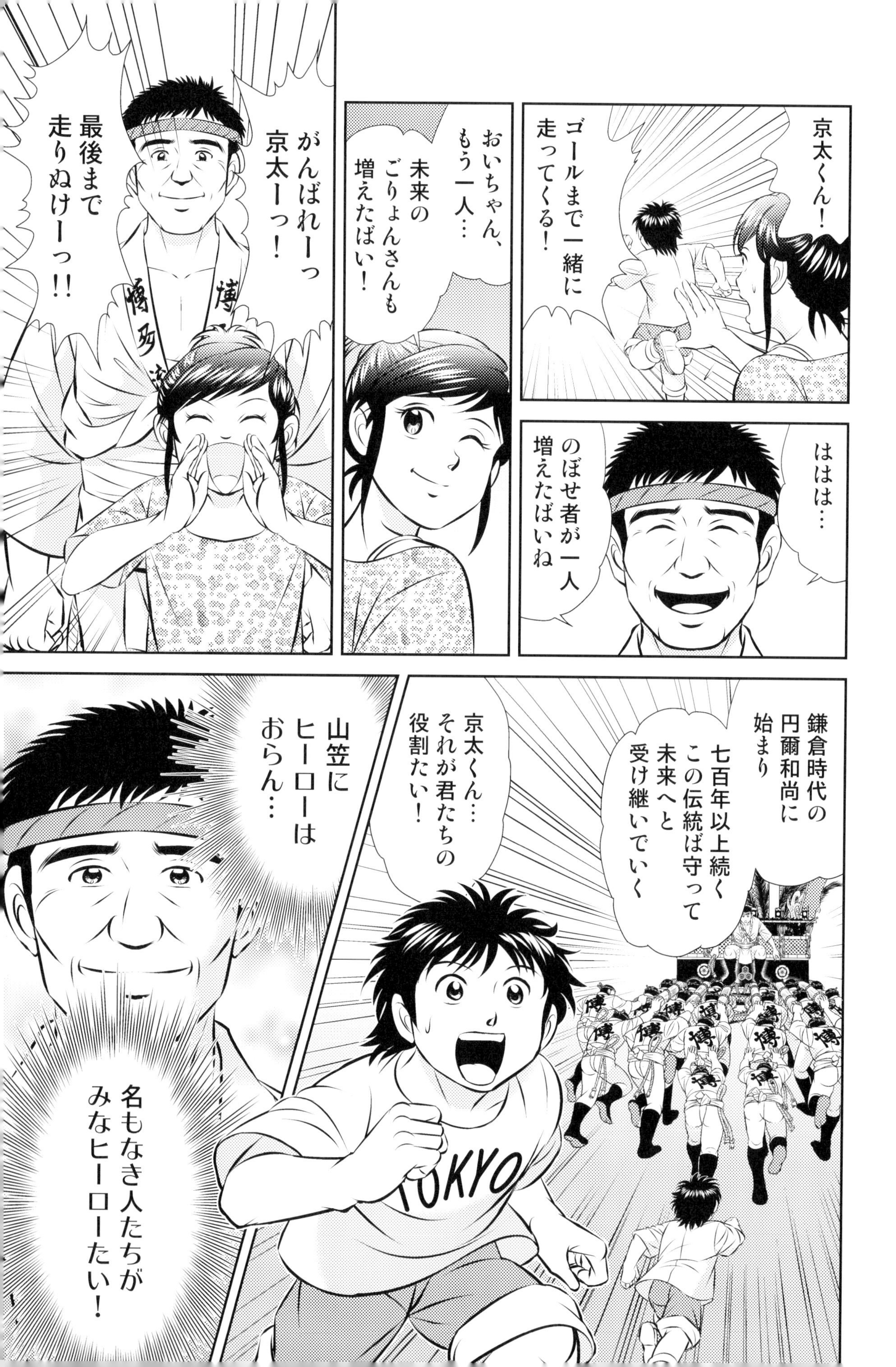
京太くん！
ゴールまで一緒に走ってくる！
ははは…
のぼせ者が一人増えたばいね
おいちゃん、もう一人…
未来のごりょんさんも増えたばい！
がんばれーっ京太ーっ！
最後まで走りぬけーっ!!
鎌倉時代の円爾和尚に始まり
七百年以上続くこの伝統ば守って未来へと受け継いでいく
京太くん…それが君たちの役割たい！
山笠にヒーローはおらん…
名もなき人たちがみなヒーローたい！
TOKYO

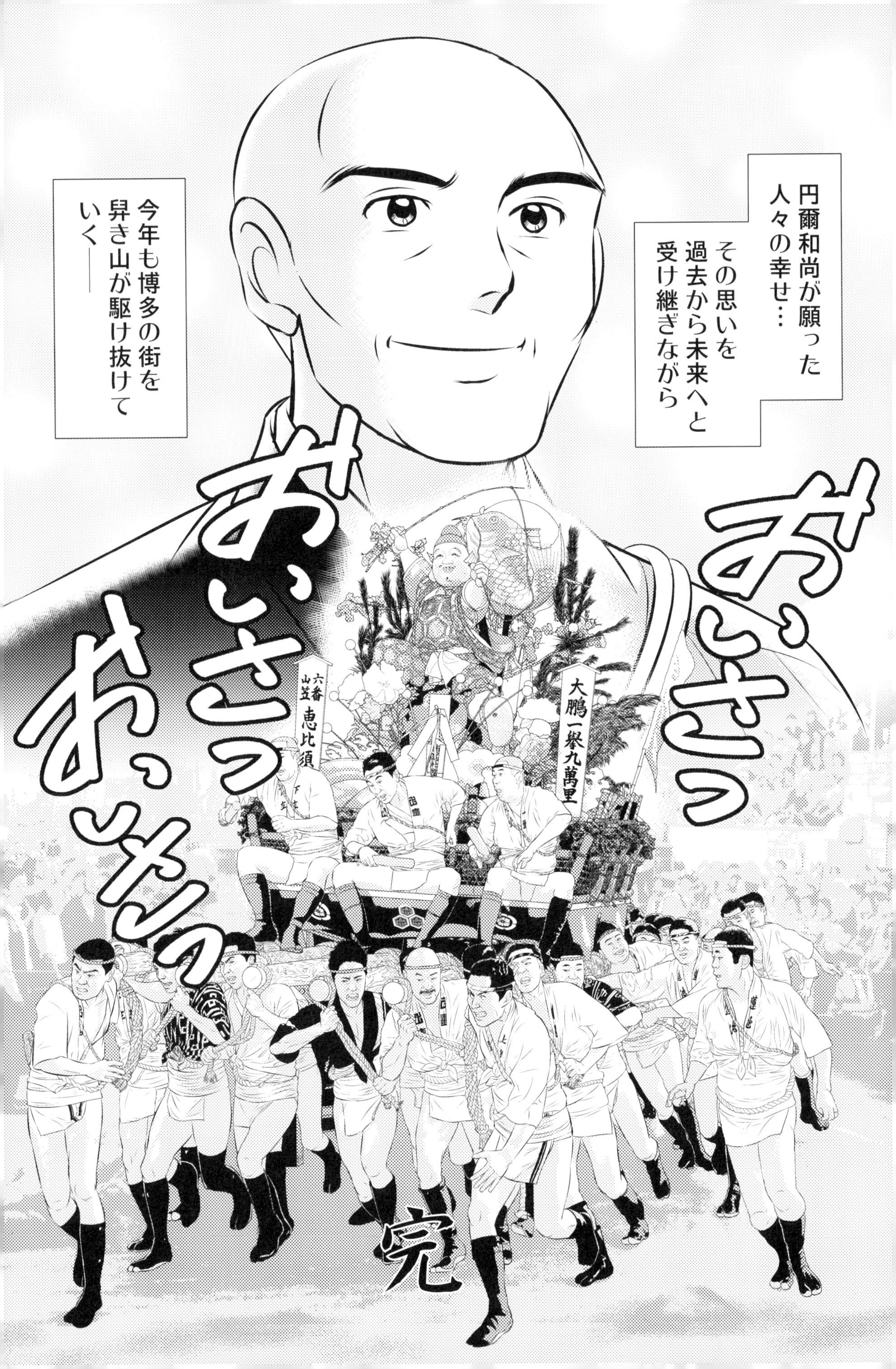
円爾和尚が願った人々の幸せ…
その思いを過去から未来へと受け継ぎながら
今年も博多の街を舁き山が駆け抜けていく――
おいさっ
おいさっ
おいさっ
大鵬一擧九萬里
六番山笠
恵比須
完

本書企画者として

中間令三

「あたきがくさ、なしてこげな漫画本ば作ろうやら思うたとか……ちょいと聞いちゃんない」（私が何でこんな漫画本を作ろうと思ったのか……ちょっと聞いて下さいな）

私が初めて博多山笠に出会ったのは、四十年近く前のこと。知人に連れられて桟敷《さじき》席で追い山を見たときでした。初めて目の前で見た博多山笠の迫力と格好よさに震えるような感動を覚えました。そのとき思ったのが、「自分は、こちら側（観客側）ではなく、あちら側（参加者側）に居たい」ということでした。

知人の紹介で、ある町内にようやくご縁をいただき、参加させていただいたのが二〇一二年のことでした。奇しくも同年、知人の井上政典先生より「承天《じょうてん》寺《じ》さんで、博多山笠の起源を題材にした『聖一国師物語』というお芝居を上演するので、観に来ませんか」とのお誘いを受けたのです。

こうしてお芝居を拝見し、自分が博多山笠のことについて何も知らずに、ある意味、格好よさだけに魅かれて参加しようとしていたことが恥ずかしくなりました。「博多山笠に出る者は、櫛田神社の氏子として博多の街を津々浦々まで清めて回るのだ」ということを教えられ、博多山笠に対する考えが一変しました。

それからいろいろな町内行事に参加しながら、「はたして博多山笠に出る人たちのどれだけが、このことを分かって出ているのだろう？」、「これから未来の博多山笠を担っていく子供たちに、どのように伝えていけるのだろう？」という思いにたどり着きました。

もちろんこれらについては、町内行事・山笠行事の中で先輩方から口伝《くでん》で教えられることが多いのですが、子供たちや若い人たちには漫画で学んでもらうのも一法と考え、知人から渋田武春先生を紹介してもらい、ようやくこの本が実現の運びとなりました。

当初は井上先生の「聖一国師物語」の部分だけと思っていたのですが、色々と調べていくうちに、静岡の深沢恵先生の『山香一《さんこういっ》服《ぷく》――聖一国師伝』（静岡新聞社）という本と出会いました。これは、聖一国師の幼少期から宋の国の時代までが描かれた本で、こちらも漫画に取り入れることでより聖一国師と博多山笠について深く伝えることができると考え、深沢先生の了解をいただき、さらに現代に伝えられた博多山笠のしきたりも紹介して、ようやく一冊の本としてまとまりました。

私としては、この本が全国の歴史ファンに読まれることは勿論、これから博多山笠を担う子供たちの、そしてできることなら博多部だけでなく、福岡市や福岡県の小・中学校の教材として使っていただけるようなことが実現すれば、これ以上の喜びはありません。

やがて起源八百年近くにもなろうという博多山笠――。その姿は次第に変わっていくことでしょうが、これからの百年・二百年へと、何百年も昔からの博多を守り続けたその気持ちを忘れずに伝え守られることを祈って。

編集後記

郷土の誇りを後世に伝える

井上政典

平成二十二年のことでした。宗像大社の沖ノ島参拝に行く途中の船内の出来事です。宮本氏、見高氏、国米氏の四人で、木の葉の如く揺れる船底で「福岡の人、いや全国的にも有名な博多祇園山笠の起源となったお坊さん、聖一国師は名前だけは知られているが、どんな人かはほとんど知られていない、だからこの人に関する劇をしよう！」と盛り上がり、私が原作及びプロデュースを担当することになりました。

そして二年後の平成二十四年、つまりあの東北大震災の起こった翌年の三月二十三日から三日間にわたって、承天寺で劇を上演したのです。

原作を書く際に、分からないところがいっぱい出てきました。

・聖一国師は大陸に渡る前からすでに高名な僧侶であったのに、どうして危険を冒してまで行ったのか？
・承天寺という仏教のお坊さんが、どうして櫛田神社という神社のお祭りの起源になったのか？
・疫病と言われるが、その病名は？　等々です。

二つ目や三つ目の疑問の答えは本を調べれば分かります。しかし、最初の疑問の答えは、本には書かれていません。幾日も悩んだ末に、承天寺の一二六世神保至雲住職に尋ねてみました。

「それは衆生《しゅじょう》を救いたかったから」

不思議なことにその一言で理解できたのです。

人々を救うためにはこれでいいという限界はないし、簡単なことではありません。だから、求道者は少しでも高みを求めて道を前に行かねばならないのです。

上演時には、第一幕の最初のセリフを「分からぬ、なぜ私が学んだ仏法では人々を救えないのか、分からぬ」としました。そして「おお、海が見える！　御仏よ、我にもっと近づけというのか。そうだ唐《から》の国に行こう」と決意をする様子を、聖一国師役の日微貴《ひびき》さんを洗濤庭《せんとうてい》の大きな石の上にじっと後ろ向きに座らせたまま、岩城朋子さんのセリフと寺田蝶美さんの筑前琵琶で表現したのです。

その場面が今でも目に焼き付いています。演出は全くの素人ながら、どうしてもこの場面を入れたくて、舞台監督の見高氏と口論しながらも強引に入れ込んだのです。結果的には、その後の軽妙な芝居とこの重厚な第一幕が見事に融和し、この企画を考えた中間氏や漫画を描いてくれた渋田氏のような人に影響を与えたと思っております。

さらに、このときに調べていたことから「お潮井《しおい》（お汐井）」という海砂で清めるのは福岡だけの習慣だということも分かり、そこから拙著『オッショイ、福岡の神社が面白い！』（啓文社）を昨年出版することになりました。ここでも神仏は繋がっていたのです。

人と人が繋がって生きていくように、すべてのものはその存在自体に意味がある――それが八百万の神々の神道および御仏の教えだということにも気付きました。

聖一国師が起源となった博多祇園山笠が八百年近く連綿と続いているのも、その価値を人々が認め、博多祇園山笠振興会のようなずっと山を支えてこられた諸先輩、そしてそれを支えてきた博多のごりょんさん、そしてまた金銭的に支援してきた有志の方々が居たからであり、どれ一つ欠けてもこのお祭りは存続できませんでした。

長い歴史を支えてこられた先人たちに感謝の意をささげ、そしてこれからの山を支える世代への贈り物として、この本が微力ながらも貢献できれば幸いと思います。

この本に広告や協賛をいただいた方々のご厚意により、福岡市の全部の小・中学校の図書館に寄贈します。一人でも多く新世代の「山のぼせ」が生まれ、この伝統を「心」と共に後世に伝えてほしいと願っております。

■井上政典（いのうえ・まさのり）　歴史ナビゲーター／九州歴史観光戦略研究所代表
1956（昭和31）年，福岡市生まれ。西南学院大学経済学部卒業後，明治生命保険相互会社入社。同社退職後，2011年に九州歴史観光戦略研究所を立ち上げる。
2012年，承天寺で公演の『博多の恩人聖一国師物語』を原作・プロデュース。月刊『福岡フォーネット』にてコラム「意外史講座」毎月連載中。『別冊宝島　軍師官兵衛その戦略と生涯』（宝島社，2013年）・『明治日本の産業遺産　丸わかりBOOK』（QBC九州ビジネスチャンネル編集部，2015年）にコラム寄稿。著書＝『オッショイ！　福岡の神社が面白い』（啓文社書房，2017年）
井上政典のブログ　https://ameblo.jp/rekishinavi/

■渋田武春（しぶた・たけはる）　漫画家
1960年，福岡県生まれ。『週刊少年マガジン』第87回月例新人賞・入賞，同第40回新人漫画賞・佳作をへて漫画家デビュー。現在，ヒューマンアカデミー福岡校ほか複数の学校で漫画講師として勤務のかたわら，デジタルによる広告漫画制作で九州を中心に活動中。
【主な作品】
『HARD・COP』講談社（全2巻）
『ファンキー・ポリス』講談社（全2巻）
『実録・義侠の虎／私設銀座警察シリーズ』竹書房刊（全3巻）他
ホームページ　http://www.asahi-net.or.jp/~en2t-sbt/

▶参考文献

深沢　恵『山香一服――聖一国師伝』静岡新聞社，2005年
井上政典著，兵土 剛 編『オッショイ！　福岡の神社が面白い』啓文社書房，2017年
井上精三『どんたく・山笠・放生会』葦書房，1984年
西日本新聞社・福岡市博物館編『博多祇園山笠大全』西日本新聞社，2013年

博多《はかた》の恩人《おんじん》・聖一国師《しょういちこくし》と博多祇園山笠《はかたぎおんやまかさ》

2018年6月10日　第1刷発行

総指揮►井上政典
監　修►博多祇園山笠振興会／深沢　恵
企　画►中間令三
原　作►井上政典
漫　画►渋田武春
アシスト＝小畑くるみ・大野　誠・松尾拓弥
題　字►宮本大島
発　行►集広舎
〒812-0035 福岡市博多区中呉服町5番23号
電話 092（271）3767　FAX 092（272）2946
制　作►図書出版花乱社
印刷・製本►有限会社九州コンピュータ印刷
ISBN978-4-904213-61-2

この本はたくさんの人のご縁とご支援により制作できました。少しでも感謝の気持ちを表すためにお名前を入れさせていただきました。ほんとうにありがとうございます。

（製作総指揮・企画　井上政典・中間令三）

九州電力株式会社
相談役
松尾新吾様

筥崎宮　宮司
田村靖邦様

株式会社光タクシー
代表取締役
石橋孝三様

株式会社ホリスコーポレーション
代表
堀　純生様

株式会社カーニバル
代表取締役
藤山祐輔様

中小企業診断士
園田晋平様

伝統の銘菓千鳥饅頭
承天寺の御膝元
呉服町に本店を構えております。
愛情のお菓子
千鳥屋
CHIDORIYA
1630
http://www.chidoriya.co.jp

関家具の勢いは、
社長にも止められない。
楽しくなければ仕事じゃない。やりたいことを任す。失敗しても文句は言わぬ。
責任はすべて社長が取るから思いっきりやってください！ そんな私の願いをしっかりと受け止め、
弊社の若手社員たちはのびのびと新しい事業に挑戦し、これまでにないブランドを立ち上げています。
その行動力も規格外で、私が指示しないのに、日本は狭いとばかりに世界中を飛び回っています。
トップに立つ者として、私も負けてはいられません。創業50周年は、まだまだ通過点。
がんばる社員たちといっしょに、たくさんの皆さまに喜んでいただける100周年を迎えられるよう、
一歩も休むことなく未来への挑戦を続けてまいります。
関家具 代表取締役 関 文彦
今年で50周年
家具産地大川
関家具
大川への感謝。世界への挑戦。関家具はおかげ様で今年50周年。創業以来50年間黒字経営継続中

関　文彦様
株式会社関家具
代表取締役

塚田征二様
株式会社裕生堂
代表取締役会長

西本光春様
ハーレーダビットソン
福岡グループ　代表

浦江卓司様
九州ティーエムティ工業
株式会社　代表取締役

廣野和輝様
福岡市中央区

博多の芸妓様
博多券番

帆足千恵様
インアウト株式会社
取締役副社長

小正伸正様
株式会社ディップ・アンド・エス
代表取締役

兵土　剛様
ふくおかLOVEラボ
聞き書き屋

石原 進 様
九州旅客鉄道株式会社 相談役

S・N 様
柳川市

泊 敏郎 様
株式会社サイコー舎 代表取締役社長

塚田征二 様
一般社団法人福岡政経文化協会 会長

圓藤泰久 様
太宰府市

吉田城世 様
吟道光世流 上席師範

川畑康太郎 様
株式会社観山 桜坂観山荘

山本浩之／小牧徹志／高原広文／T・M 様